JN025722

PERFECT THINKING

私がハーバードで学んだ

世界最高の「考える力」

廣津留すみれ

PERFECT THINKING:
SECRETS OF KNOWLEDGE
I LEARNED AT HARVARD

SUMIRE HIROTSURU

ダイヤモンド社

はじめに

“Out of comfortable zone”という言葉を聞いたことがありますか？

直訳すると「快適なゾーンから出る」、つまり現状に安住することなく新しいことに挑戦する、という意味です。

私は生まれ育った大分県大分市の公立高校から米ハーバード大学に現役合格して、いわゆる「首席」で卒業しました。

その後、進学した米ジュリアード音楽院も首席で卒業して、現在はニューヨークを拠点にバイオリニストとして活動しています。

また、ニューヨークで音楽コンサルティング会社を起業し、ＣＥＯも務めています。

私は18歳でハーバードに入学するまでは、海外生活や留学の経験はありませんでした。

塾に通ったことすらなく、通ったのは公立小中高のみ。３歳から習っているバイオリンを演奏することに熱中していました。

普通に大分で暮らし、大分の学校に通っていた私にとって、突然アメリカに渡ってハーバードに入ることは、まさに“Out of comfortable zone”でした。

入学後は大分での日常が一転、驚きの連続だったのです。

信号は赤でも車が来ていなければ渡る、授業中は隙あらば手を挙げる、会ったらまず握手する、相手のファーストネームを会話のところどころに挟む……いまでは常識と思えることも、当時は環境に慣れようと必死の思いで真似していました。

そんな中、いちばん驚かされたのは、ハーバードの仲間たちの「知的好奇心」と「思考力」の高さです。

友人と食堂で交わす会話1つとっても、ただの雑談とは違いました。

〝超〟がつくほど専門的な生物学の話だったり、投資会社が駆使する応用数学の数式の話だったりするのです。

しかも、1つのトピックについて話し始めると、かなり突っ込んだところまで一緒に熟考させられました。しかし不思議なことに、最先端の生物学や応用数学の話でも、ハーバードの仲間が話すと堅苦しくも退屈でもなかったのです。

むしろ、1時間でも2時間でも議論を交わしていたい、と思わされる魅力がどこかにありました。

いくら難しい分野の話であっても、根本となる軸は同じ。「知的好奇心」が高いからこそ専門外の話でも盛り上がるし、何より思考力をＭＡＸに働かせることで「自分なりの意見」を持つからこそ、皆が異なる解釈を持ち寄って深く面白い話ができたのです。

ハーバードの仲間と話しているうちに、私は「考えること」の楽しさに気づかされました。

考えるたびに新たな発見があって、それを友人と意見交換しているうちにまた次の発見が生まれる、このワクワクする循環。ジュリアードへの進学も、卒業してからの起業も、ハーバードで鍛えられた考える力が導いてくれたと思っています。

かといってハーバード生は、まるで違う世界に住んでいるというわけではありません。私たちと同じ世界で同じものを見ているのに、あふれるような好奇心と考える力で、心がドキドキと高鳴るような発見をしているのです。

あちこちと世界を旅すると、さまざまな出会いがあり、自分の隠れた部分の発見にもつながります。考えることも、それと同じ。

考えることは、頭の中でできるバーチャルな冒険旅行のようなものであり、新たな可能性の発見に結びつきます。それがひとり旅であれ、仲間との旅行であれ、いままでになかったものが見えてくるのは間違いありません。

これからお話しすることが、皆さんにとって"Out of comfortable zone"と思えるような知的冒険旅行のガイドブックとして役立つことを著者として祈っています。

目次

第2章 考える力の伸ばし方

第3章 考える力を伸ばす習慣術

第4章 英語脳でロジカル・シンキングを伸ばす

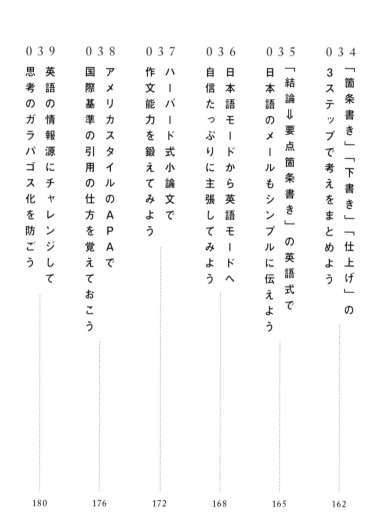

第5章

考える力で仕事力をアップする

第6章

音楽脳で考える力を育てる

第1章

私がどうやって成果を最大化してきたか

001

他人とは違う意見を発信して自分のバリューをアピールしよう

これからの時代、人工知能（ＡＩ）に代替されない自分のバリューを発揮するには、自分ならではのクリエイティブなアイデアを発信したり、モノをつくり上げたりするスキルが欠かせません。

「この人にしか頼めない」というスキルへの需要が上がる一方、自分以外の誰かが代わりにできるような仕事へのニーズは、低下傾向にあります。

自分ならではのバリューをアピールするには、根本的に「考える力」を磨かなくてはいけません。

そう初めて実感したのは、私がハーバード大学に入ってからでした。

高校生までを過した日本の学校では、先生から当てられてから発言することが当たり前でした。当てられてもいないのに発言すると「でしゃばりだな」と思われて若干マナー違反になるような雰囲気もありました。

ところがハーバードでは、まるで違っていたのです。

授業は15人程度の少人数制で、発言や議論が活発に飛び交います。教授が問題提起をすると、それに対して、われ先にと意見をいい合う学生ばかりです。

ハーバードに入学して最初の学期に気づかされたことがありました。

それは、授業では出席をとらないので、一度も発言しなかったら欠席とほぼ同じ扱いになるということです。先生が記録をとるのは、もっぱら発言の内容と回数のみ。学期末の評価も、中間・期末テストの成績だけでなく、授業での発言の記録が25％以上を占めることがほとんど。つまり、**成績＝存在価値（バリュー）**なのです。

しかも、他の学生と同じ意見では評価されません。

「私もそう思います！」では、何も新たな価値を生まないからです。

仮に自分の前に発言した学生とほぼ同意見だとしても、新しい視点で何かをつけ加えなければ存在価値はありません。

だから授業中、学生たちは自分の存在をアピールするために、頭をフル回転させながら必死に考え、発言します。

ハーバードに入学したての頃は、この授業スタイルにまったく馴染めませんでした。最初の壁として、「英語力」の問題がありました。母が英語塾を主宰しており、私は幼少期から英語に取り組んでいましたから、英語力にはある程度の自信がありました。

でも、ハーバードの授業で飛び交う英語は、まったくの別物だったのです。

そもそもネイティブスピーカーは早口で聞きとるのが大変でしたし、英検やＴＯＥＦＬには出てこない若者ならではのカジュアルないいまわし、いわゆる「スラング」も知らないものばかり。

また、ハーバードの学生は全体の約10％がアメリカ以外の国々から集まるので、英語が母国語でない学生のアクセントや発音が聞きとりにくいこともあります。

「これでは授業に出ても満足に発言できない……」

そう危機感を募らせた私は、1学期のうちに教授にＳＯＳを出しました。

「私は日本生まれの日本育ちで、この積極的なスタイルで授業を受けるのに慣れていません。議論のスピードも速すぎて追いつけません」と素直に打ち明けると、教授はきちんと対応してくれました。

「日本人ばかりではなく、アジアからやってきた学生たちには、授業中に自己表現するのが苦手なタイプが多いのはわかっている。いきなり適応するのは難しいだろうから、最初は私が指名します。私からふられたら意見を言ってください」と提案してくれたのです。

そのうえ授業では、私が聞きとりやすいように、質問もゆっくりと投げかけてくれました。それ以降、私は教授にふってもらった質問に着実に答えられるようになり、そのうち教授からふられなくても自分から手を挙げて発言できるようにもなりました。

そして、学生同士のディスカッションに勇気を奮って飛び込めるようになったのです。

こうした経験を踏まえ、ハーバード1年目に私がたどり着いたコツを紹介します。

1 授業前の予習の時点で、何を発言するか決めてメモしておく
2 とりあえず誰よりも先に意見を言う
（誰かに先に言われてしまうと価値が半減してしまうから）
3 細かい指摘をする
（似たような意見を先に言われても新たな視点を提起できるから）
4 意地でも他の学生とかぶらない意見を考える
5 これらがどうしてもうまくいかない場合、かじりつくように議論を聞いて、なんとか新しい意見や質問を固める

こうして私は、毎回の授業を生き延びたのです。

他の人と同じ意見で思考を狭めていませんか？

002

他の人に同調しないで意地でも違う意見を述べよう

私は母と地元・大分市で、毎年夏休みの時期に「Summer in JAPAN」という6〜18歳の子ども向け英語セミナーを開催しています。

世界各国・日本各地から集まった小中高生たちが、１００人以上の応募より選抜された12名の現役ハーバード生から、世界で活躍するために必要なスキルを英語で学ぶというプログラムです。

初日はまず自己紹介からスタートします。初対面のハーバード生たちと慣れない英語で会話して緊張するのは当然ですが、緊張して硬くなっている日本の子どもたちは、ほとんど何も話そうとしません。

その緊張をほぐすため、ハーバード生講師たちは英語で「好きなフルーツは何?」などと簡単な問いを投げかけます。

すると、ここで面白いことが起こります。最初の子が「ストロベリー」と答えると、そこからしばらくは「ストロベリー」「ストロベリー」「ストロベリー」と同じ答えが続くのです。

「好きなアイスクリームのフレーバーは何?」と質問を変えても、最初の子が「バニラ」と答えると、また「バニラ」「バニラ」「バニラ」「バニラ」と続きます。

これはSummer in JAPANに参加している他の国の子どもたちには見られない、日本の子どもならではの現象です。

好きなフルーツがイチゴではなくリンゴであり、好きなアイスクリームのフレーバーがバニラではなくラムレーズンだとしても、自己主張せずに前の人と同じように答えた方が無難だから、そうしているのでしょう。

「好きなフルーツは何？」と尋ねられて、根っからのイチゴ好きだったとしても、前の人が「ストロベリー」と答えたら、意地でも他のフルーツを挙げるのがハーバード生です。そして、その理由をとうとうと述べ始めるのです。

発言が求められる場面では、自己アピールにつながる何かをつけ加えて発信する。これは考える力を深め、相手に対して自分のバリューを高めるための実践的な鍛錬法でもあります。

英語では「イエス」か「ノー」で答えられる質問を「イエス・ノー・クエスチョン」といいます。

でも、単に「イエス」か「ノー」で答える人はまずいません。

「イエス」か「ノー」の後に、必ず理由をつけ加えるのが普通なのです。

「イエス」か「ノー」で終わってしまったら、「自分の考えがないんだな」と軽く見られてしまいます。

ハーバード在学中、私は1週間の感謝祭（サンクスギビング）休暇で友人宅に泊めてもらう機会がありました。

毎年11月の第4木曜日に行われるこの感謝祭は、アメリカ人にとって1年のうちでもっとも大事な家族イベントです。日本でいうところのお盆や正月のように、実家に家族全員が集います。

もともとは17世紀に米国への移住者たちが収穫を神に感謝したことから始まった休日ですが、いまでは身のまわりの人やものすべてに感謝する日となっています。

そのディナーの席で、七面鳥のグリルやパンプキンパイを食べようとしたら、何やら儀式が始まりました。

テーブルを囲む家族一人ひとりが「私は○○に感謝しています。なぜなら××だからです（I am thankful to..., because...）」というスピーチを順番に始めたのです。

普段、親しい友人や家族を前にあらたまった台詞を言うことなどない私は戸惑いましたが、「ハーバードで出会った友人とその素敵な家族に人生初の感謝祭ディナーにお招きいただき、友情、家族、ご縁に感謝します」と言うと、笑顔で拍手してくれました。

あとで知ったのですが、これはサンクスギビングで、どの家庭でもすることです。

アメリカではごく平均的な家庭や学校でも、このように幼い頃から人前で自分の意見を主張する環境が自然とあるわけです。

気心の知れた家族でも、以心伝心ではなく、自分の意見を「声に出して発信する」という習慣があるからこそ、大学でも職場でも堂々と自分の考えが言えるのでしょう。

イエス・ノーだけでなく、その理由を加えて話していますか？

003

何を質問しようか
考えながら
話を聞いて
思考力を上げよう

ハーバード生は授業中に少しでも疑問に思ったり、何か引っかかることがあったりすると、教授に躊躇《ちゅうちょ》なく質問を投げかけます。

それが的外れな質問であったとしても、積極的に疑問点を解消しようとする姿勢や「授業に興味を示す姿勢」それ自体が高評価につながることもあります。

たとえそれほどクオリティが高くない質問であっても、その質問をするには授業の内容を踏まえて問題点を洗い出す多角的な視点が必要です。

それが学生の考える力を伸ばす機会にもつながるからこそ、発言すること自体が高評価につながるようになっているのでしょう。

私の実体験からしても、「何をどう質問しようか?」と考えながら話を聞くと、内容が頭に定着しやすくもあります。

授業で黙っていたら、教授にも周囲の学生にも「この授業に積極的じゃないんだな」とか「質問が出てくるほど考えていないんだな」と思われてしまいます。

日本で講演会に参加してみると、最後の質疑応答で「何か質問がありますか?」と司会者にふられても、シーンと静まりかえることが多いです。

でも、せっかく発言の機会がある場では、「空気を読んで」黙ってしまうより、少しでも気になったことは何か質問をしてみたほうが、その場を最大限に活用することにつながります。二度と会わないであろう参加者たちの目を気にするよりも、講師に直接質問をするチャンスを利用する方が自分にとってメリットがあるのは明らかです。

その点、ハーバード生は、ほぼ全員が空気を読まない気質です。

たとえば有名な人が講演にくると、質疑応答の時間では質問をさばき切れず、壇上の講演者のもとに行列をつくって質問するばかりか、自己アピールを始めます。

この米国の「質問文化」は、初等教育の段階から「他人と違うユニークなアイデア」を語ることが評価される環境に起因します。

まずは1つの機会に1発言を目安にして、自分の考えを発言するクセを身につけていきましょう。私も最初はそこから始めました。

イノベーションと個性を求めるこれからの社会では、何も言わないことのほうがリスクだと思ったほうがいいかもしれません。

少しでも現状に変革をもたらすためには、考えを発言することはリスクではなく、むしろ人々の先頭に立つための武器となるのです。

「的外れな発言をしてしまったら、どうしよう……」と不安な気持ちがよぎるかもしれません。でも、一歩踏み出してみれば、案外まわりから「よくぞ、言ってくれた！」「それ、いい意見だね！」という評価が得られるはずです。

天敵が潜んでいるかもしれない海に真っ先に飛び込む〝ファースト・ペンギン〟の役割を引き受けてみると、触発されて「私もやってみよう」と後に続く人たちが登場します。ディスカッションが活発になり、チーム全体の考える力が底上げされ、高いパフォーマンスが発揮できるようになるかもしれません。

ハーバードの教授たちのように、会社でも家庭でも発言しやすい環境を整えるのは上司や親の大切な役割の1つです。

チームのリーダーや家庭を持つ人であれば、意見が自由にいい合える雰囲気づくりに配慮してみると、チームのメンバーや子どもたちの力を伸ばすことにもつながると思います。

まずは自分が壁を打ち破ることで、発言しやすい環境づくりをしてみませんか?

004

ハーバードもジュリアードも問題解決力で合格した

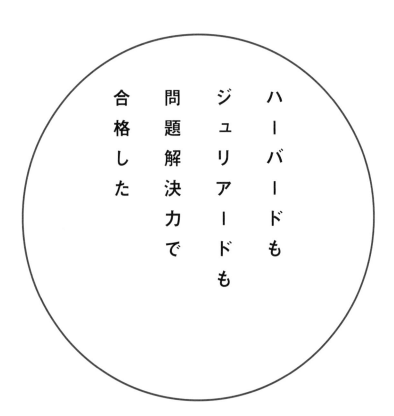

私はハーバードもジュリアードも「問題解決力」で合格したといっても過言ではありません。

私がハーバード大学を受験すると決めたのは、高校2年生の2月のことでした。アメリカの大学入試は11月末が締め切りですから、残された期間は1年もありません。

まずはインターネットで、ハーバードの入学情報を集めることから始めました。そして、合格のために何が必要かをリストアップしました。

問題集を取り寄せ、高校の先生に推薦状を書いてもらったりしながら、1つずつ目の前に立ちはだかる問題を解決していったのです。

ちなみにハーバードの受験には、以下のものが必要です。

1 履歴書（中学と高校までに選択した授業と成績、ボランティア活動や課外活動の記録など）
2 SATかACT（いずれもアメリカの大学進学適性試験）
3 高校の成績証明書、卒業見込み証明書

4 先生からの推薦状2通
5 高校3年時の全科目の成績証明書
6 小論文2本
7 スクールレポート（在籍する学校の実績を記述したもの）
8 面接

もっとも力を入れて取り組んだのは、とにかく英語の語彙を増やすことでした。

当然、すべて英語での受験ですから、英語圏の受験生と同等の英語力が必要です。ネイティブでも知らないような英単語を含めて、最低でも1万5000語ほどを覚えていなければ太刀打ちできません。

英語力に磨きをかけつつ、SATの問題集を何度も何度もくり返し解いて受験に備えます。

小論文は合否に大きく影響するので、たっぷり時間をかけて推敲を重ね、自分の活動や個性をアピールするものを2本書きました。

この煩雑なハーバード入試の必要項目を、頭の中で同時進行させながら、1つずつ

「対策→完了」させていったのは、まさに問題解決力と呼べるのではないでしょうか。

さて、ハーバードに入学してからの転機の1つに、副専攻した「グローバル・ヘルス」(Global Health and Health Policy)の授業があります。直訳すると「国際保健と保険政策」となります。

複雑な分野に聞こえますが、噛み砕いていうと、伝染病の予防や公害対策など地球レベルでの健康問題を、生命科学と社会科学の両方からのアプローチで解決しようという学問です。

公衆衛生の授業の1つは、3、4人でチームを組み、世界で起きている医療課題(疫病・途上国の健康問題・感染症など)のトピックを選んで、3週間で解決策をまとめてプレゼンするというスタイルでした。

何が正解かわからない課題を、どう解決するかのシミュレーションの連続ですから、問題解決力に関する多くの学びがありました。

また、私がハーバード学士課程の卒業後にジュリアード音楽院の修士課程に進みたいと決断したのは、足切り用の録音選考のわずか1か月前のことでした。

録音選考とは、課題曲数曲の音源をネットで学校に送り、まず教授陣が審査することで、ニューヨークで行われる実際のオーディションに招待する学生を絞り込む「予選」

のようなものです。

バイオリン科を受ける私にとって、録音オーディション用の課題曲には、伴奏が上手なピアニストの存在が欠かせません。

レコーディングするにも、優秀な音響スタッフが必要です。

何より、課題曲候補の中で自分がいちばん上手に弾ける曲を選ぶのも大切なステップです。


ハーバード受験時と同じく、これらの解決すべき問題をリストアップして、1つずつクリアしていきました。


その結果、見事突破。本試験となるオーディションへと進むことができました。

本試験では、事前に課題曲候補の中から演奏したい曲を提出します。10曲ほど必要なので、実にトータルで1時間半分の演奏量です。

そして、本番ではその場で教授たちが「この曲の第2楽章を弾いてみて」とか「ここの何小節から聴かせて」とランダムに指定していきます。

実際に弾いて聴かせるのは、用意した90分のうちたった15分ほどしかないのですが、「できることは、すべてやった」という自信のおかげで満足のいく演奏ができて、幸いにも合格しました。

こうした経験を通じて、どれだけ煩雑な課題を出されてもロジカルに片づけていく癖がつき、その問題解決力が高校時代には想像もできなかったような高いステージへと私を押し上げてくれました。

具体的にどうやって問題解決力を高めるかについては、次章でお伝えすることにしましょう。

解決すべき課題をリストアップして問題をクリアしていますか?

まとめ

- 意地でも他人と同じ意見は言わない
- シンプルな問いかけにも必ず自分のオリジナリティを足す
- 発言する機会を増やすと考える機会がおのずと増える
- 何かを言うことより何かを言わないことのほうがリスク
- 勇気を奮ってディスカッションに飛び込んでみる

第2章

考える力の伸ばし方

005

2つの準備と4つのステップで問題解決力を高めよう

私が問題解決を迫られたときには、「2つの準備」と「4つのステップ」を踏むようにしています。

準備1　直面している課題についてできるだけ多くの情報を集める
（問題解決には背景にある些細な情報が不可欠です）

準備2　いつまでに解決すべきかという締め切りを設定する
（何をやるにも締め切りを決めて緊張感を保ちます）

準備1では、できるだけ多くの情報を集めます。課題の本質がクリアになりますし、表面上では見えていなかったハードルが浮き上がることもあります。

そして準備2で締め切りを設定すると、シンプルに「締め切りまでに絶対仕上げよう！」という緊張感とともにモチベーションが高まります。

当たり前のようですが、これが成功への大きな鍵です。

不朽の名作ゲーム『スーパーマリオブラザーズ』が大ヒットした理由の1つは、マリオがジャンプに失敗すると落下して、画面外へ消えてゲームオーバーになる仕かけにあったとされています。

マリオを落としてはならないという適度なプレッシャーが、画面から目が離せないほどの集中力を生み、プレイヤーを知らないうちに夢中にさせてしまう仕組みです。

プレッシャーは高すぎると焦りを生んでしまうのでよくありませんが、少なすぎると人を怠惰にしてしまいます。もちろんバランスは大事ですが、集中力を高めたい場合はとりあえず高めに設定しておくことをおすすめします。

続いて、問題解決の4つのステップです。

ステップ1　ゴールを決める
ステップ2　中間目標を決める
ステップ3　中間目標をクリアするためのタスクを書き出す
ステップ4　今日できるタスクを「TODOリスト」に落とし込む

ステップ1では、達成したいゴールを決めます。

いまある問題をどう解決したいのか、何を達成したいのか、断定形で書き出します。

(例：4月までに資格をとりたい → 4月までに資格をとる)

さらに、ぼんやりとしたゴールではなく、明確に数値を決めます。

(例：顧客を増やす → 顧客を3か月で20%増加させる)

ステップ2では、ゴールにたどり着く途中にクリアすべき中間目標を定めます。

課題は大きければ大きいほど達成が遠く感じて、モチベーションが高まらないこともしばしばあります。だから、少し低い目標を小刻みに設定して自分に「これならできる」と錯覚させるのです。

ここでも、可能であれば確実に自己評価できる目標が理想です。

(例：資格の試験で90点とる、顧客を100人増やす)

ステップ3では、設定した中間目標ごとにクリアするためのタスクを洗い出します。

ここでは数値等にこだわらず、できることを当たって砕けろの精神でリストアップ。

(例：専門用語を500語暗記する、予算30万円をあてて強力なWeb広告を出す)

それらを同時並行でこなしながら、中間目標に近づいていきます。

考え出したタスクの中に、締め切りまでに実行するのが難しいものがあれば、躊躇なく取り除いて現実的な代替策を探します。

ステップ4では、タスクを「今日のTODOリスト」まで落とし込みます。後で詳しくお話ししますが、私は子どもの頃からタスクを整理するためにTODOリストを使ってきました。

全体のスケジュールから逆算して、3か月後、1か月後、再来週、来週……と未来から現在へとやるべきことを落とし込み、「今日何をすべきか」をその日1日のTODOリストに書き出します。

（例：専門用語を30語暗記する、広告のデザイン案を仕上げる）

後はTODOリストの通りに、いまできることを淡々とこなすだけです。

「今日何をするか？」まで
やるべきことを落とし込んでいますか？

準備1 情報を集める

準備2 締め切りを設定する

ステップ1 ゴールを決める

ステップ2 中間目標を決める

ステップ3 中間目標クリアのタスクを書く

ステップ4 今日の「TODOリスト」に落とし込む

006

あえて ふとした疑問を 突き詰めて 考えてみよう

仕事をしているときや街を歩いているときなど、ふとした素朴な疑問が頭に浮かぶことがありますよね。

でも、ほとんどの人は、そのままスルーしてしまうのではないでしょうか。

私は子どもの頃から、頭にふと浮かんだ「?」を気に留めるタイプでした。

子どもは発達の過程で、親に「なんで?」「どうして?」としつこく尋ねてくる「なぜなぜ期」（質問期）があります。

私は、その「なぜなぜ期」がいまでも続いているようなもので、気になった疑問はわかるまでとことん考えたい。それが私の考える力の1つの源泉になっています。

ハーバードには、子どもの「なぜなぜ期」が続いているような学生がたくさんいました。彼らと話していると、小さな疑問から発生した議論が果てしなく展開して、ものすごく深い議論になっていきます。

「別にどうでもよくない?」と普通なら諦めて次の会話にスキップするような話題でも、深く考えることをやめない仲間との会話。いま思い出しても、それは知的好奇心を刺激される楽しい時間でした。

いまでも私は、他の人に聞いたら「くだらない」と鼻で笑われそうな疑問について深く考えることがたびたびあります。

たとえば……

1 紅茶を上手に淹れるには、カップにお湯を先に入れるべきか、それともティーバッグを先に入れるべきか?

2 冷凍食品の「電子レンジで2分30秒加熱」という指示は、どういう式で計算しているのか?

3 カルビーのお菓子「じゃがりこ」のデザインバーコードは、どういう経緯で誕生して、どのくらい売り上げに貢献しているのか?

一見すると、どうでもよさそうな疑問の背景にも、化学的な理由や物理的な事情、マーケティング上の工夫などが隠れているはず。そう私は思考を巡らすようにしています。

1つの疑問について粘り強く考えてみると、何かしらの学びがありますし、独自の視点が育つ感覚があります。

ちょっとした疑問が頭に浮かんだら、スマホで即ググって、Ｇｏｏｇｌｅ先生に正解を教えてもらったほうがいいように思うかもしれません。

仕事などでスピード勝負のときは例外ですが、すぐに調べてもとくに思考力は磨かれません。何より、楽しみがないと思うのです。

だから私は、答えを早く知りたいという気持ちをぐっと抑えて、ひとまず自分の頭で考えてからググってチェックする「ひとりクイズ番組」をすることがあります。

日常生活で本能的に湧き上がってくる疑問や違和感の背景には、これまで常識だと思って疑わなかった〝思い込み〟や〝決めつけ〟があるかもしれません。

無意識のうちに「当たり前」だと思っていたことにギャップを感じるからこそ、あるときふと疑問や違和感が生じるのでしょう。

だからこそ疑問や違和感は、自分の思い込みや決めつけの殻を破って、新しい考え方へと導いてくれる貴重なきっかけになると思うのです。

ふと頭に浮かんだ疑問を考え抜いたことがありますか？

007

アイデアは
スマホではなく
手書きで
ノートにまとめよう

私は1993年生まれなので、物心がついたときにはインターネットが世の中のインフラになっていたデジタルネイティブ世代です。

大分市という地方都市からハーバードに入学できたのも、ネットをフル活用して必要な情報を得られたからです。

いまもGoogleのスマートフォン「ピクセル」を一時も手放さない生活を送っていますが、音楽や仕事のアイデアをまとめるときはスマホでもパソコンでもなく、アナログな紙のノートを使っています。

スマホやパソコンを使うほうが合理的に思えるかもしれませんし、実際にそうしている人も多いでしょう。

わざわざノートを持ち歩かなくても、スマホで入力すればGoogleのクラウドサービスで世界中どこにいても（ネット環境さえあれば）アクセスできます。

そんなことは百も承知で、私がアナログのノートにアイデアをまとめているのは、何よりも広いスペースに「手を動かしながら」書けるからです。

スマホの小さな画面に打ち込むより、物理的に広いノートにペンで自由に書くほうが、感覚的に発想が広がりやすいと思ってのことです。

スマホやパソコンは基本的に画面の上から下へ順番にタイプしますが、紙のノート＋

ペンならいきなり真ん中から書き始めてもいいですし、イラストも絵も自由に挿入できます。

ノートに自由に書いたアイデアを、線でつなげて関連づけたり、番号をふってまとめたりしているうちに、漠然としていたアイデアが少しずつ形になってきます。

頭の中にあるうちは関係性の見えにくかったこと同士でも、紙の上で点と点がつながり、想像もしなかった輝きを放つようになるのです。

ペン入力ができるタブレット端末なら、紙と同じように自由に使えるかもしれませんが、私からしたらまだスピードが追いついていなくて、ちょっと使いづらい感覚があります。

慣れたペンで手の触感をともなって書く〝アナログ感〟が、構想を練るのに脳活性とともに貢献している気がするのです。

頭に浮かんだアイデアをその場で記録していますか？

008

思いついたら
その場でノートに
雑多な書き込みで
新発想を生もう

日頃からノートを持ち歩いて、アイデアが浮かんだら忘れないように書き込んでいる私は、思考の壁にぶつかったときには、必ずアイデアノートを開きます。

そこから新たなネタを創造しています。たとえば……

1　eスポーツが流行ってきたから、音楽のライブイベントでコラボしたい

2　ニューヨークで日本酒好きが増えているから、コンサートと日本酒をペアリングすると面白いかも

アイデアが浮かぶのは、人と会ってお話したときや、英語のニュースや記事、ポッドキャストなどを見たり聴いたりしているときが多く、その場で書き込んでおきます。

アイデアは、あえてランダム（雑多）に書き入れるようにしています。

あえて雑多に書き込んでおくと、ふとしたきっかけで点と点が結びつき、斬新な発想が生まれることが多いからです。

その日に浮かんだアイデアの中でも、「これはイケそう！」と思ったものは、幼い頃

から毎日書き続けている日記に転記することもあります。日記は毎日開くので、アイデアノートを開かなかったとしても、転記したアイデアを目にして再確認できます。

そこで、単なる思いつきだったものが興味深いアイデアへと化けることもあるのです。

一度採用したアイデアは、それでおしまいということではなく、引き続き他のアイデアとの結びつきを頭の片隅に置いておきます。

先ほどの例でいえば、ｅスポーツ用に考えていたネタが、ニューヨークでの新しいコンサートシリーズに活かせるかもしれないからです。アイデアノートを1年後くらいに見直してみると、実際に採用したものもあればアイデアだけで終わったものもあります。ときには「1年前の私、天才じゃん！」と過去のアイデアに驚くこともあります（もちろん逆もあります）が、それは1年の間に新たな気づきがあり、その気づきと過去のアイデアが結びついた瞬間だったりするのです。

いまのアイデアを将来のために書き留めていますか？

009

本を読むだけでなく
人に会って
リアルタイムで
刺激を受けよう

「温故知新」という言葉があるように、過去に学んでこそ未来が開けると言われます。

そのため、読書に励んでいる人も多いと思います。

もちろん、それもよいのでしょうが、私は過去よりも現在に学んで未来を語りたいと思っています。

各分野の最先端で活躍している人に直接会って、リアルタイムで話を聞いたほうが新しい情報が手に入り、思索を深めるきっかけにもなります。

先日もサンフランシスコのＩＴ業界で働いているハーバードの同級生に会い、その業界の面白い話をたくさん聞けました。

実際に会わなくても、興味深い記事を見つけたときにメッセンジャーでサササッとつながって、情報交換をするだけでも新しいアイデアの種が見つかることがあります。

それでも私は直接、人に会って話をすることのほうが、手間はかかったとしても、結局のところ得るものは大きいと思います。

人に会うと、必然的に会話が生まれます。人は会話するときに、自分の頭を整理します。さらに自分の口から発した言葉は、自分の耳にも入ってきます。

そして自分が発信した情報を再吸収しているような状態になり、理解を深められるという好循環が生まれます。

もちろん、自分が会いたいと思う人が、誰でも会ってくれるわけではありません。もし会えたとしても、手前勝手に質問攻めするようでは、相手にメリットがないので、二度と会ってくれないかもしれません。そこはギブ&テイクの精神で、相手に「時間をつくって会いたい」と思わせるような何かを与えられるかどうかが大切になってきます。

そのためには自分の得意分野をつくり、「この人と話すと、この分野に関して必ず何かの学びがある」と思ってもらえるようにしておきたいところです。

すると、深い話を交わせる人がだんだんと増えてきます。

後述するように、自分に得意分野のアセット（資産）を増やすことは重要です。

私は「ハーバードとジュリアード」で学び「アメリカで起業」した「日本の地方都市出身」の「バイオリニスト」というプロフィールが貴重なアセットになっています。

これを自分で認識して意識的に増やしていくことは、自分の存在価値を高めて、新たな出会いのチャンスを増やしてくれることにも繋がります。

人が会いたくなるように存在価値を高めていますか？

010

大きな目標を
細かく砕いてみて
小さな成功体験を
積み重ねよう

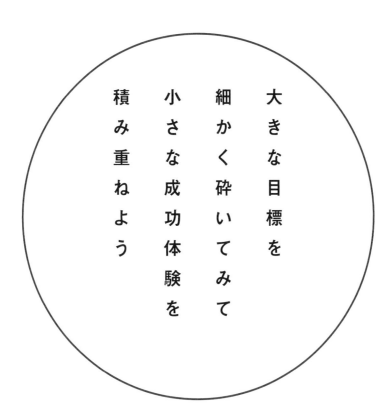

ハーバードでは、「100ページの論文を5ページに要約して自分の意見を書く」といった難しい課題が毎週のように出されました。

しかも、これと同じような高難度の課題が、同時並行で4、5本出されるのです。授業は週に少なくとも2回はあるので、課題提出までの猶予が1週間ないこともしばしば。週の始まりから課題が山積みで、早くも「今週はもう終わった」と軽い絶望感に襲われることの連続でした。

英語がネイティブではない私だけでなく、アメリカ人の同級生たちでさえも、いつも真っ青になっているような〝限界を超えた状況〟が続きます。

このような過酷な状況に1年以上も向き合っていると、一見すると無理に思える課題にも「やればできるだろう」と挑めるようになってきます。

限界ギリギリに挑戦し続けていると、いつの間にかキャパシティ（許容量）が広がってくるのです。

限界を超えていそうな目標にチャレンジするときは、モチベーションを落とさないように、大きなものを小さく砕いて、1つずつクリアしていくのが鉄則です。

これは問題解決の方法と同じことです。

課題が多いうえに、それぞれの目標があまりに遠いところにあると、どこから手をつけていいのかわからず、途方に暮れてしまいます。

だから、目標をできるだけ細かく分解するのです。

そして、できそうなものから順番に片づけていくと、小さな成功体験を得ながらモチベーションを高めつつ、着実に目標へ近づいていけます。

目標の細分化は、「思考持久力」をも高めてくれます。

それは、マラソンのようにチェックポイントを通過しながら継続的にゴールに向かって考える力のようなものです。

これにより分解した課題が、いつしか１つ残らずクリアできてしまいます。

この方法で限界を超えそうな大きな目標を成し遂げられたら、次に手強い目標に当たったとしても、「また小さく砕けば何とかなる」と思えるようになります。

こうして果敢に挑み続けることで問題解決力が底上げされ、思考持久力も高まってくるという好循環が生まれてきます。

大きな目標は小さく分解してチャレンジしていますか？

0 1 1

締め切りとよきライバルでやる気と思考力を高めよう

人間の脳は、よくAIと比べられますが、人間の脳とAIには大きく3つの違いがあると私は思います。

第1の違いは、「ゆらぎ」があるかないか。

同じ問いに対してAIは毎回同じような答えを出しますが、人間は時と場合によって導き出す答えが異なります。これが人間特有の「ゆらぎ」です。

若い女性にも老婆にも見える『妻と義母』という隠し絵があります（次ページ参照）。この隠し絵は、ある瞬間は若い女性の横顔に見えるのに、別の瞬間には老婆の横顔に見えることがあります。脳にはAIにはない「ゆらぎ」があり、その都度、情報処理の結果が異なっているからです。

休憩や仮眠をとると新しいアイデアが思い浮かびやすいのも、脳に「ゆらぎ」がある証拠です。

その点、AIは一度再起動させたからといって、前と違う答えを出してくるわけではありません。

人間の脳とAIの第2の違いは、やる気がパフォーマンスに影響を与えるかどうかです。AIにはやる気というものはありませんが、人間の脳はやる気が低下すると処理スピードも低下します。考えようとしても集中力がなくなり、思考力が下がります。

「妻と義母」（作者不詳）

人間がやる気の低下によって思考力を下げないため、できることが2つあります。それは「締め切りの設定」と「尊敬できるライバルの存在」です。

何にでも締め切りを設定するのがハーバード・スタイルでもあります。

締め切りがあるとやる気になれるのは、誰しも実感することでしょう。

ハーバード時代は、やらなくてはいけないタスクが多すぎたので、それぞれの締め切り直前にやる気を高め、脳を2～3倍の速度で回転させるイメージで、一気に処理するような日々が続いていました。

尊敬できるライバルの存在も大切です。

女子フィギュアスケートのキム・ヨナ選手が2010年のバンクーバー五輪で金メ

ダルを獲れたのは、浅田真央選手というライバルの存在があったからだと言われます。逆に浅田真央選手も、キム・ヨナ選手という最高のライバルの存在に刺激を受けたのは間違いありません。

スポーツの世界だけではなく、学業やビジネスの世界でも、「あの人に負けないように私も頑張ろう！」と思えたら、適度な緊張感でやる気も高まります。

ただし、ライバルへの敵意を感情的にむき出しにするようでは逆効果です。

ライバルとはつねに平常心で接し、好敵手としてお互いを高め合うことを意識します。

ここでフィギュアスケートを例に持ち出したのは、技術と芸術性の両立が求められる点で、音楽とよく似ているからです。音楽コンクールには技術点はなく、いわば演技点のみですが、フィギュアスケートの採点には両方あります。

演技点は、審判の主観や好みに左右される部分もあって不確実である一方、技術点は自分の技が成功しさえすれば確実に点数を稼げて、それが勝敗を左右します。

それだけに選手たちは、本番で緊張を強いられます。私はやる気を出したいときには、ＹｏｕＴｕｂｅでフィギュアスケートの試合を見ることが多くあります。

成功のためには、本番に向けて心身のコンディションをいかにピークに持っていくかがポイントです。

たとえば羽生結弦選手は、ドキュメンタリーや試合前の中継を観ても、本番前の集中力が半端ではありません。

その羽生選手が試合本番で難しいジャンプを決めるのを観たら、このように私も本番に頂点を持ってこれる努力をしよう、と勉強になります。

またフィギュアは練習でいくら綺麗に4回転ジャンプができても、本番で飛べなかったら点数はついてきません。音楽も、練習でいくら難しいフレーズが弾けていたとしても、本番でミスをしたら完璧とはいえません。

たとえ少しミスをしてもさっと頭を次に切り替えてミスを引きずらないようにするのが肝心なので、フィギュアで1度ジャンプに失敗した選手が次のジャンプで上手く復活する姿を見ると、「この人やるな」と感心します。

フィギュアスケートの選手たちは、活躍するジャンルは違っても、私のよきライバルなのです。

あなたにはよきライバルはいますか？

012

何も考えない10分の休憩で思考のマンネリ化を防ごう

集中してものを考え続けていると、煮詰まってしまって、よいアイデアが出なくなることがあります。

AIなら何時間稼働してもパフォーマンスは変わりませんが、人間の脳は疲れると思考力もダウンしてしまいます。これが脳とAIの第3の違いです。

煮詰まったときはあえて何も考えない時間を設けて、頭のスイッチを切り替えると、新しいアイデアが浮かんでくることが多いです。

私の場合、煮詰まりそうになったらスマホでアラームを10分後にセットして、その間、インスタグラムやYouTubeなどで可愛いポメラニアンや子猫の動画を観たりしてなごみます。

ただし、動物の動画が大好きな私は、放っておくと半永久的に観ていられるので、タイマーで時間を区切ります。

10分たって、リフレッシュしたら再びスタートします。

リフレッシュするとマンネリ化していた思考の流れが断ち切られるのか、新たな視点で課題が見つかったり解決法が見えてきたりすることも多いです。

ハーバード時代は、授業で出された課題の締め切りが迫ってくると、深夜3時か早朝5時くらいまで勉強する日も少なくありませんでした。

そういう場合は、寮の部屋にこもって1人きりで勉強すると煮詰まりやすいので、友達と誘いあって図書館や食堂で勉強することが多かったです。

ハーバードの寮の食堂は24時間開いており、温かいコーヒーやベーグルなどが無料で提供されている点もありがたかったです。

友達との勉強は励まし合えるし、適度にブレイクもできるという意味で効率的です。

勉強していて煮詰まってきたら、友達の机にふらっと立ち寄って「調子はどう？　課題はどこまで進んでる？」と話しかけたりして、気分転換をすることもありました。

少し寝てリフレッシュしたいときは、「これから10分だけ寝るから起こしてくれない？」と頼むこともありました。

深夜の図書館でスマホのタイマー音が鳴り響くのは迷惑ですから、友達に起こしてくれるように頼むのです。

一方、「いま波に乗っているな」と感じたときは、あえて休憩を入れないで突っ走ったほうがパフォーマンスは高まります。

バイオリンでも、コンサート本番が迫ってきて「そろそろ完璧に仕上げないと！」と思うと、エンジンがフル稼働するようになって、2時間でも3時間でもノンストップで練習が続けられるのです。

休憩を入れるべきか、それとも集中して続けるべきかは、臨機応変に判断することで、思考のパフォーマンスを下げないようにしています。

上手に休憩をとって頭をリフレッシュしパフォーマンスを高めていますか？

013

難しいことを
やさしく
やさしいことを
深く話そう

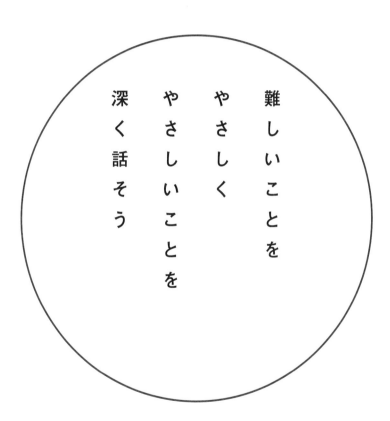

私の印象では、頭のいい人ほど難しい言葉を使わないで話す能力が高いです。

日本で難しい言葉というと、まだあまり一般化していないカタカナ語や古代中国の古典由来の漢字言葉などでしょうか。

アメリカでも同様に、母国語の英語由来ではなく、あまり使われないギリシャ語やラテン語由来の言葉や、特定の分野で話される専門用語がそれに相当します。

ハーバード生が、これらのいわゆる難しい言葉で、難しいことを語る場面にはあまり遭遇しませんでした。

他にいい換えられない専門用語や、同じ専攻の仲間や教授との専門的な議論なら話は別ですが、それ以外のタイミングで、もし難しい言葉を使ったら「気どってるの？」と不思議そうな顔をされて終わりです。

その理由は2つあると思います。

1つは相手にできるだけわかりやすく物事を伝えたいという気持ちが強いこと。もう1つは相手がその言葉がわからない場合、それを説明するために費やす時間がお互いにとってムダだからです。

難しい言葉をそのまま使ってしまう人は、一見すると頭がよさそうですが、実のところ本人がまだ完全に内容を理解していないだけかもしれません。

誰かに理解してもらいたいと思ったら、劇作家の井上ひさしさんの名言にあるように「むずかしいことをやさしく、やさしいことをふかく、ふかいことをおもしろく、おもしろいことをまじめに、まじめなことをゆかいに、そしてゆかいなことはあくまでゆかいに」と、できるだけわかりやすい言葉で伝えようとするはずです。

本当に頭のいい人は理解力が高いだけに、難しい言葉を使わなくても、やさしくてシンプルな言葉で伝えられます。

難しい言葉を持ち出さないと説明できないとしたら、本質が理解できていない証拠かもしれません。

やさしい言葉でシンプルに伝えられるようになるまで、もう一段階掘り下げて理解してみるといいと思います。

難しい言葉で説明して自己満足してませんか？

014

つねに心を開いて
否定せず
他人の意見を
受け入れてみよう

ハーバード入学で渡米してからというもの、あまりに多くの文化や考え方に触れたことで、「これが絶対的に正しい」といえる正解というものはないことに気づかされました。日本の学校のテストでは、当たり前のように「正解」がありますが、世の中は何が正解かわからないことだらけ。私は、そのことに気づかされたのです。

それにより、他人に心を開いて、その人たちの意見を受け入れようという意識が高まりました。

「つねにオープンマインドでいる」ことを人生のモットーにするようになったのです。

世間にはつねに自分が正しいかのように、条件反射的に相手の意見を否定するのがクセになっているような人もいます。

本人は無意識で悪気がないのかもしれませんが、話し始めに「いや」「でも」と否定的な言葉から入るのがクセになっている人が、実は多いです。

もしかしたら、自分が〝思い込み〟や〝決めつけ〟をしている事実に気づいていない可能性もあります。

それを避けるためには、いつもオープンマインドで視野を広げ、持論に固執しないように意識しておくことが大事です。

すると、息を深く吐き切ると新鮮な空気が入ってくるように、自分にはない新しい考え方が自然と入ってくるようになります。

多様な意見と柔軟性が身につくようになると、自分とは違う考えや意見を受け入れる懐の深さが生まれ、新たな発見にもつながります。

悪気はなくても条件反射的に
他人の意見を否定していませんか？

015

相手をリスペクトして違いを受け入れるようにしようよう

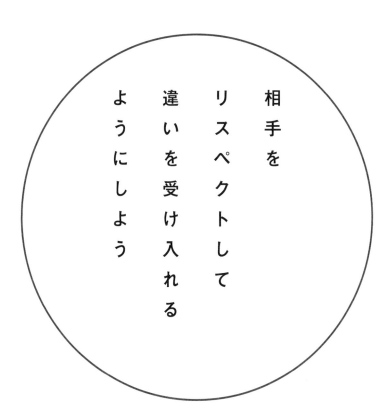

オープンマインドへの第一ステップは、相手の意見に耳を傾けようと意識することだと思います。その点、私が学んだハーバードとジュリアードは対照的でした。

ハーバードには、各分野の天才たちが集まっています。

異なる分野の突出した人材が集まっている環境では、お互いに尊敬し合える雰囲気が自然に出来上がっています。

「数学」の天才は「文学」の天才に嫉妬しませんし、逆もまた然りです。天才同士はお互いの分野に興味津々で、尊敬する相手から意見を聞こうとします。

相手をリスペクトする心がベースにありますから、ハーバードのような環境では、自分の意見に固執して一方的にゴリ押しするような人はほとんどいませんでした。

いわば、他者の意見を「そういう考え方もあるね、面白い！」とオープンマインドに受け入れることが当たり前だったのです。

対照的にジュリアードは、音楽という閉じられた世界で純粋培養された天才たちの集まりです。

音楽の世界は、自分の世界観を追求するのが仕事のようなもの。ですから、世界観の異なる他人の演奏を聴いて、素直に「いいね！」とオープンマインドでいられる人は少数派です。

そういう意味では知的好奇心の強いハーバード生のほうが、職人気質で音楽という領域をピンポイントで掘り下げているジュリアード生よりも頭が柔らかいと感じます。

グローバルな社会では、異なる文化背景で育った人同士が、活発に触れ合う機会が多いです。そのときにオープンマインドで、なるべく多くの人たちと触れ合えたら、知性が大いに刺激されます。

日本でも本格的に多人種多文化のダイバーシティ（多様性）が重視されるようになってきました。同じような背景を持つ日本人同士で、似たような意見を交わしあっていても、世界をあっと驚かすようなアイデアは出にくいからです。

ダイバーシティが豊かな環境では、オープンマインドでいることが大切になります。互いの文化的・社会的背景に配慮しつつ、そこから生まれる新しいアイデアを偏見なく受け入れる姿勢は、イノベーションのきっかけとなるでしょう。

自分が正しいと思い込んでゴリ押ししていませんか？

016

ハーバードは入試も寮生活もダイバーシティを大切にする

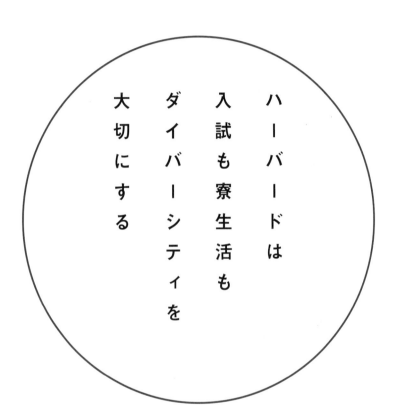

ハーバードではダイバーシティ（人材の多様性）が、かなり重視されています。そのため、ハーバードの入試では同じような人材が集まらないように、国籍、性別、個性、得意分野が異なる学生たちを意図的に選んでいます。

2018年にアジア系の学生が、ハーバードの入試で差別されているという訴訟を起こしました。

テストの成績が同じ場合、白人は35％、ヒスパニック系は75％、アフリカ系は95％が合格になるのに対して、アジア系アメリカ人は25％しか合格していないというデータが、その根拠の1つになりました。

しかし、ハーバードの入試で、テストの成績は判断材料の1つにすぎません。

スポーツや音楽といった学業以外の活動、ボランティア活動、面接を踏まえた人物評定などを総合的に加味して、意図的に個性的な人材を集めているのです。

ハーバードは一部を除くと「全寮制」です。

私が入学した4年制の学部である「ハーバード・カレッジ」は、1学年がおよそ1600人。4学年合わせて6400人以上の学生が、寮で暮らしています。

1年次は「フレッシュマン・ドーム」と呼ばれる小さな寮で暮らします。

フレッシュマン・ドームは全部で15棟ほどあり、大学のメインキャンパス内の便利な場所にあります。

入学前に大学が実施するアンケートに対して、「私はみんなとワイワイ楽しみたいから8人部屋がいい」「勉強に静かに打ち込みたいから1人部屋がいい」といった希望から、「自分は真面目なタイプだからあまりパーティをしない人と一緒がいい」「音楽の趣味が合う人と一緒がいい」といった同室者についての希望まで書きます。

質問事項も「勉強中に音楽を聴くタイプですか？」「自分の性格をどう説明しますか？」「起床と就寝の時刻は？」など細かい項目があり、きめ細かくマッチングしてくれます。

私が住んだ最初の寮は、インド系アメリカ人とフランス系アメリカ人との3人部屋でした。

共有のリビングルームがあり、個室が2つ。そのうち1部屋には2段ベッドがあり、2人で共有します。

公平に1人部屋が使えるように、3人で数か月に1回はローテーションして、どの部屋を使うかを民主的に決めていました。

1年次の部屋割りを大学側が決めているのは、寮の中で人種などのバックグラウンドが偏らないようにするためです。

個性あふれる同級生たちと寮で一緒に暮らしているうちに、さまざまな考え方や価値観に否応なしに触れることになります。

それは日本の地方都市で育った私の視野を広げてくれましたし、異なる立場から複眼的に物事を考える姿勢にもつながりました。

いつも同じ人とばかりつき合って気づかないうちに視野が狭まっていませんか？

017

異なる個性のグループ活動でリーダーシップを身につけよう

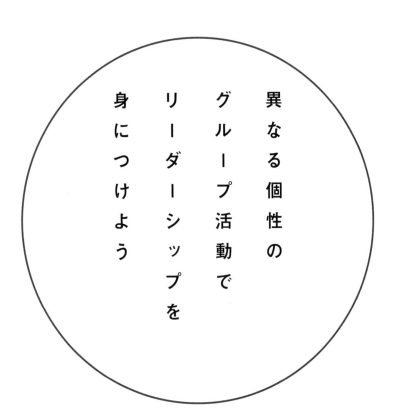

ハーバード大学２年次に暮らしたダンスター・ハウス

ハーバードの2年次からは、大学中心部から歩いて15分ほどの距離にある寮に移りました。

こちらは1棟で４００人ほどが暮らす大規模な建物で、「ハウス」と呼ばれていました。

その大規模なハウスは全部で12棟もあり、その中で私は「ダンスター・ハウス」と呼ばれる寮に入りました。

2年次からの寮には多くのルームプランが用意されており、１人部屋、２人部屋、３人部屋と好みに応じて学年順・抽選順に選べます。

私は一緒に住みたい友達がいたので、２年次は3人部屋、３年次と4年次は２人部屋を希望しました。

ハウスでは毎週1回は「スタディ・ブレイク」と呼ばれる催しがあります。寮長を務めている教授のもとに寮生が集まって、コーヒーを片手に教授の奥さんが焼いたケーキやクッキーなどを食べたりして親睦を深めます。

こうした数々の行事や催しを通じて、同じ屋根の下で暮らしている400人には目に見えない強い絆が築かれていきます。

各寮ごとにマスコットも決まっていて、これも結束の強さにつながっています。ダンスターのマスコットはヘラジカだったので、イベント時にはイラストつきのスウェットを着たり、皆でヘラジカの角を頭につけたりしていました。

いまでもハーバード出身者同士が出会うと、真っ先に聞くのは専攻でも何でもなく、「あなたはどこの寮だったの?」ということです。

卒業後も寮の仲間同士とのつながりは脈々と続きますから、それがビジネス面でも貴重な人脈として有利に働きます。

ハウスでは1つのコミュニティとなり、スポーツ試合や季節のイベントなど、学業以外のさまざまなイベントを主催しますが、ハウスの外でもほぼ全員が、何らかの学校規模の学生団体に属します。

絶対に所属するように義務づけられているわけではないのですが、何でもやりたがるタイプが多いハーバード生は、複数の団体に属していることが珍しくありません。

私自身は、学生オペラプロダクションのプロデューサーや弦楽アンサンブルの部長を務めつつ、その他にも米国最古の学生オーケストラ「ハーバード・ラドクリフ・オーケストラ」や、日本の文化を紹介する「ジャパン・ソサエティー」という合計で4つの団体に所属していました。

これらの学生団体は、活動に必要な資金集めに始まり、組織づくり、役職選挙、関係者との交渉、現場でのオペレーションまで学生たちが自ら担います。

私も含めてハーバードでは卒業後に起業する人も多いのですが、こうした学生団体での活動が起業のシミュレーションにもなっているのです。

その活動を通じて、起業やビジネスにも役立つリーダーシップやチームワークが自然と学べます。

活動のプロセスで仲間を盛り立ててリーダーシップを発揮する局面もありますし、さまざまな国籍や文化的背景、性別といった異なる個性の仲間たちと協業するには、共感性とチームワークが求められます。

仕事はひとりではなくチームで取り組むものですから、ビジネスでは必然的にリーダーシップとチームワークが必要となります。

学生団体での活動で身につくこれらの能力は、その後のビジネスの現場でも大いに役立つのです。

リーダーシップを発揮できる場を有効活用していますか？

まとめ

- ゴールを決めて
細かく締め切りを設定する
- やるべきことを
ＴＯＤＯリストに落とし込む
- 些細なことでも
疑問に感じたら突き詰めてみる
- スマホではなく
ノートにアイデアを書いてみる
- 他人の意見を否定せず、
まずは受け入れてみる

第3章

考える力を伸ばす習慣術

018

1つのタスクに集中して5分間で終わらせてみよう

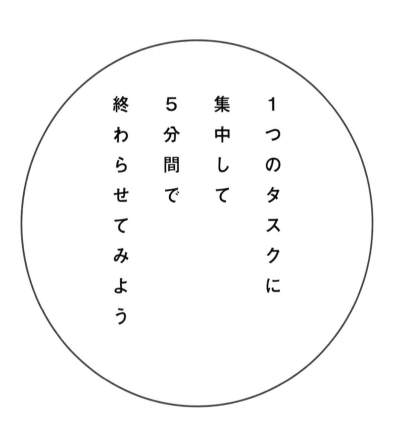

私が小さい頃から実践している習慣に「5分間メソッド」というものがあります。

1つのタスクに〝5分間究極集中〟して、必ず終わらせるというものです。

単純計算で、この5分間メソッドを12回くり返すと、1時間集中できることになります。その日にやるべきタスクを効率的に片づけられる強力な武器になるのです。

必ず5分間でなければいけないというわけではありません。

人によっては3分間でも7分間でもいいと思いますが、私の場合は5分単位がいちばん集中できるので、そうしています。

ハーバード入試のように大きなタスクでも、やるべきことを細かく分割して、5分単位でコツコツとタスクをこなすことで合格できました。

私は、仕事と勉強、プライベートを問わず、どんな大きなタスクでも、この5分間メソッドを駆使して効率的にゴールへたどり着いているのです。

一方で、私たちのまわりにはＹｏｕＴｕｂｅやＬＩＮＥ、さまざまなネット情報など集中力を乱す要因がたくさんあります。

そこで、スマホで5分間のタイマーをセットして、その間はスマホの通知やメールも無視。たとえ誰かから話しかけられても、「あと2分だけ待って」などと断りを入れて、とにかく5分間は集中するのです。

私は高校時代、英単語を覚えるときにも「よし、次の5分間で50個覚えよう」などと決めて取り組んでいました。

バイオリンの練習をするときも、やはり5分単位のタスクに分割して取り組んでいました。

同じことを長い時間続けていると、だんだん集中力がなくなってきます。

5分間だけ集中するというのは、裏を返せば、5分以上1つのことに取り組まないという〝割り切り〟でもあるのです。

もしあなたがスマホゲームやネットサーフィンなどに、時間を浪費しているという自覚があるのなら、タイマーを活用して1回5分間までと決めてみましょう（3分間でも7分間でもいいです）。

楽しい時間はあっという間にすぎますが、それでも一定時間で割り切る習慣は、おのずと身についてきます。

先日、ニューヨークで活躍しているピアニストとチェリストのご夫婦にお会いして、この5分間メソッドについてお話しする機会がありました。

すると2人は、「私たちが練習する方法と同じだ！」と驚いていました。

面白かったのは、ご夫婦の場合、音楽の難しいフレーズを練習するときは、あえて4

分間のタイマーをセットして、「つい夢中になって練習しすぎるのを防ぐ」というお話でした。

タイマーが鳴ったところで「いったん終わりにしよう！」と気持ちを切り替えているそうです。

このように、自分の好きな時間で区切って物事に集中して取り組んでみることをおすすめします。

長時間作業する割に成果があがらないことはありませんか？

019

なまけがちな脳に
刺激を入れるために
自分と向き合う
時間を設けてみよう

私たちが生まれて最初に身につける習慣は、「歯磨き」だという説があります。その後も数々の習慣が積み重なり、30歳を超えると生活のほとんどは習慣化しているとも言われます。

習慣化には「頭で考えなくていいので動作効率がよくなる」という長所がある反面、「毎日同じことのくり返しなので中途半端になりがち」という短所もあります。

歯磨きでも、またはストレッチでも、5分間メソッドや3分間メソッドでタイマーをセットして、短期集中してみるといいかもしれません。

ある英語記事で「歯磨きは飽きる前に大事な箇所から磨く」と書いてあるのを読み、そんな視点で歯磨きを考えたことないな、と思わず苦笑いしました。

日本のテレビでお馴染みの齋藤孝・明治大学教授は、タイマーを片手に話をするそうです。時間を区切って、その間、集中して話をするのです。

この考え方も、私の5分間メソッドに近いと思います。

脳には考えることを極力避けようとする傾向があるそうです。というのも、考えるということは、エネルギーを消費するからです。

脳の重さは全体重のわずか2%ほどしかありませんが、1日の全消費カロリーの20%を使います。

それほどまでに脳の神経細胞は「考える」という作業にエネルギーを大量消費するのですから、エネルギーを浪費しないように、考える時間をできるだけ節約しようとするらしいのです。

アメリカの哲学者ジョン・デューイは、「人間は習慣の生き物である」という言葉を残しましたが、その背景には考える時間を節約しようとする脳の戦略があるのかもしれません。

歯磨きのように習慣化して無意識化してしまうと、考えることにエネルギーを割かなくて済むようになります。

自動運転の電気自動車（ＥＶ）は、近い将来、ドライバーが何も考えなくても、目的地まで連れて行ってくれるようになるでしょう。

これと同じように、人間が何も考えなくても、さまざまなことをＡＩが代わりにやってくれる領域が、どんどん広がってくるはずです。

そんな社会の進化の流れに乗ったままボーッと生きていると、運動不足だと筋力が衰えて弱体化してしまうように、脳もみるみる衰えてしまうかもしれません。

自分の存在価値を高めるためにも、考えることをタスク化して、５分単位で「自分と向き合う」時間をつくってみてはどうでしょうか。

しつこいようですが、時間は3分間でも7分間でも、自分が好きな時間でOKです。

海外では「瞑想」が流行っていますが、身のまわりの素朴な疑問や1日のふり返り、仕事上の新しいプロジェクトの構想なども、空白の時間が5分間もあれば、かなり頭が働きます。

これを食事の後でも、お風呂に入っているときでも、寝る前でもいいので、1日1回の習慣にしてみると、いい頭の体操になります。

私にとっては幼い頃から書き続けている日記の時間が、それに相当します。

こうした「自分と向き合う時間」は日々の生活に刺激を与えてくれるので、私はとても大切にしているのです。

あなたは自分と向き合う時間をつくっていますか？

020

集中して考えるための3要素「場所」「時間」「環境」を最適化しよう

アイデアを出さないといけないときやクリエイティブな企画を生み出そうとするとき、仕事を進めたいときなど、自分が集中しやすい「場所」「時間」「環境」という3要素を見つけておくことは大切です。

この3要素の好みは人それぞれですが、私のケースを紹介しておきましょう。

場所
学校や仕事からの帰り道、電車やバスの車中がおすすめ

場所については、私はひとりで部屋にこもって静かな場所でじっと考えるより、少しガヤガヤした場所のほうが考えがまとまります。

子どもの頃、自分の部屋ではなく、両親がいるリビングの大きなテーブルで勉強していた体験が影響しているのかもしれません。

ハーバード時代も、静かな場所よりも、食堂でまわりの人たちの会話をBGMにしてパソコンやノートに向かったりしているときがいちばん集中できました。

私とは逆に、静かな環境のほうがはかどる人もいるでしょう。

人それぞれの好みがありますから、自宅の書斎、リビングのソファー、通勤電車、図書館、カフェなど、自分のお気に入りの場所を見つけておくといいと思います。

私が考える場所としておすすめなのは、仕事帰りの地下鉄やバスの車内です。

帰宅途中はその日のタスクからほぼフリーになっている状態でありながら、脳はまだ仕事の延長線上で軽くアイドリングをしています。

だから、考えを深めるのにちょうどいい具合なのです。

地下鉄の車内広告やバスの車窓の風景を眺めていると、そこから思わぬヒントがもらえることもあります。

そこで浮かんだアイデアは忘れる前にスマホにささっと記録するクセをつけています。

時間

朝が苦手なので夜型を駆使して、1日の締め切り効果を最大限に利用する

次は時間についてです。

私は朝が苦手で、完全に夜型タイプです。朝起きたばかりだと少し寝ぼけている状態で、何かをとことん考えるには不向きなのです。

それに朝から、友だちや仕事相手からのメールやSNSでのメッセージが次々と入ってきます。

それに対応しているとバタバタしてしまって、とても落ち着いて考えに集中する気分にはなれません。

私が朝起きてすぐすることは、前日夜に書きだした「TODOリスト」を確認することです。

前日に完遂できなかったタスクの上に、新たにつけ加えるタスクもあります。

朝はそれらのタスクの何から手をつけようかと、頭の中で軽く優先順位をつけておきます。

一方、夜が更けてくると、メールやSNSでのメッセージも少なくなるので、自分なりの思索が深められます。

朝が苦手な私は、翌日までにやるべきタスクはどんなに夜遅くなっても、とにかく終わらせてから眠るという習慣がハーバード時代に身につきました。

いまでも、そのルーティンを守っています。

ほぼすべてのタスクを終わらせた夜は、肩の荷を下ろしてリラックスしていますから、物事を考える心の余裕も生まれています。

ですから、夜は私にとって思考を巡らせるのに最適の時間なのです。

私とは逆に、ハーバードの1年次の寮のルームメイトは、典型的な朝型タイプでした。早朝に起きて6時くらいからランニングに出て、ジムに寄り、シャワーを浴びてから授業に出る暮らしをしていました。

私も一度、彼女の真似をして早起きしてみましたが、作業効率はまったく上がりませんでした。朝は寝ぼけているうえ、まだ夜までたっぷり時間があると思うと油断してのんびり構えてしまい、逆に作業効率が落ちてしまったのです。

私の場合、夜は「寝る」という1日の締め切りがモチベーションを高めてくれるので、集中力が高まって効率が一気にアップします。

早起きしても「お昼までまだ6時間もある」などと油断してしまうのですが、夜だと「あと30分で寝ないと明日がヤバい!」と自分を追い込めるのです。

朝型がよくて夜型が悪いということも、夜型がよくて朝型が悪いということもないと思います。自分が朝型か夜型かを見極めて、最適の時間に考える習慣をつけましょう。

環境　机や部屋はつねにクリーンにして、次のアクションを起こしやすくする

考える環境について、私は整理整頓された空間がベストです。机の上には何も置かないタイプで、それは子どもの頃から変わらない習慣です。

前述の通り、私は子どもの頃、自分の部屋ではなく、リビングルームの大きなテーブルで勉強していました。そもそも、勉強机というものがなかったのです。

勉強するときは、「かばんから教材と筆箱を取り出してリビングのテーブルに広げる」→「終わったらかばんに戻す」のくり返しでした。

勉強をしていないときは、リビングのテーブル上には何も置かれていないキレイな環境でした。そんな習慣がいまでも続いているのです。

机や部屋を整理整頓すると、次のアクションに移りやすくなります。

片づいた部屋だと「マットを広げてヨガかストレッチでもやろうかな」という気分に

もなりやすいです。

それと同じように、何も置かれていない机だと資料なども広げやすく、仕事や勉強に取りかかりやすくなるのです。

足の踏み場もないような散らかった部屋だと、マットを広げるスペースを探すのが大変なので、ヨガやピラティスに取りかかる前に片づけなくてはなりません。

同じように、机が雑誌や小物で埋め尽くされていると片づけなければ作業スペースが確保できないので、勢いが止まってしまいます。

何かを始めるのにハードルを1つ越える必要があると、それだけでやる気が削がれます。

だから私は、少し時間ができると5分間でパパッと綺麗にしています。


能率をあげるための「場所」「時間」「環境」を考えていますか？

021

ちょっとした
空き時間の〝こんまり〟で
部屋や机を片づけて
心も浄化してしまおう

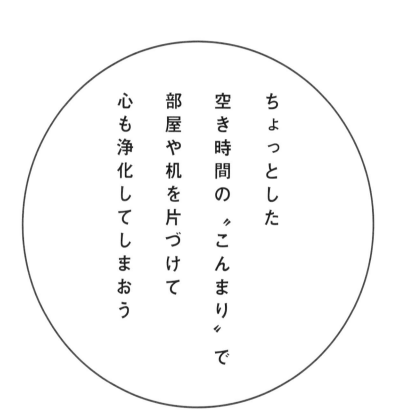

部屋を〝こんまり〟してスペースが生まれると、精神的にもゆとりが生じます。

〝こんまり〟とは、片づけコンサルタントとして有名な近藤麻理恵さんのことです。アメリカでも、彼女のベストセラー本と動画配信サービス「Ｎｅｔｆｌｉｘ（ネットフリックス）」の番組で人気に火がつき、〝konmari〟が「片づける」という意味で使われるようになったほどです。

彼女のネットフリックスの番組『ＫｏｎＭａｒｉ～人生がときめく片づけの魔法～』は、エイミー・ポーラーやエレン・デジェネレスら超ビッグネームが司会を務める有名番組と肩を並べ、第71回エミー賞の2部門にノミネートされました。

この番組はいわゆるリアリティショーの一種で、こんまりさんがゲイカップルや大家族、夫を亡くしたばかりの寡婦といったさまざまな背景を持つお宅を訪ねて、キレイさっぱり〝こんまり〟します。

すると、そのお宅の住人たちが、涙を流して感謝するというのが定番となっています。この涙は「散らかった部屋をキレイにしてくれてありがとう！」という感謝で流すだけではないと思います。

部屋が整理されていない状態は、知らないうちにその部屋の住人に心理的なストレスとなって蓄積しています。

思い出の品をどうすればいいのかわからない、というストレスも積み重なります。

そんなストレスが、〝こんまり〟することでなくなり、心が浄化されるような効果があるのでしょう。すると、自分自身に目を向ける心のゆとりも生まれます。

それが夫婦関係や親子関係の改善などにつながることで、ゲストたちは感涙にむせぶのではないでしょうか。

同様に部屋や机を〝こんまり〟すると、物理的に必要な情報にアクセスしやすくなる以外にも、頭の中が浄化されて考えることに集中できるようになります。

まとめて大掃除するのは大変なので、私は5分間メソッドを駆使して、日頃のちょっとした空き時間に少しずつ整理整頓しておくようにしています。

身のまわりは整理整頓されていますか？

022

テスト満点の頭のよさより地頭力でイノベーションしよう

日本で〝頭がいい〟というと、偏差値が高く、テストでいつも満点をとるような人をイメージするのではないでしょうか。

それに対して、〝地頭がいい〟とは、頭の回転の速さを指すケースが多いような気がします。

当意即妙で笑いをとるお笑い芸人さんをネットやテレビで観ていて、「あ、この人地頭がいいんだろうな」と思うことはありませんか？

アメリカでは、〝賢い〟ことを「Ｓｍａｒｔ（スマート）」といいます。

これは〝頭がいい〟と〝地頭がいい〟の両方に隔たりなく使われています。

私はこのアメリカ流の用法がとても気に入っています。

なぜなら、日本では「おバカキャラ」のレッテルが貼られるようなタレントさんでも、「Ｓｍａｒｔ」であることが多いからです。

学歴やテストの点数で測られる頭のよさではなく、純粋にその人の賢さを「Ｓｍａｒｔ」と解釈することが大事だと私は思っています。

地元大分の公立中学時代、テストの点数はクラスでも最下位に近く、服装はチャラくて、夜は遊び歩いているような友達がいました。

世間的には〝おバカ〟扱いされるかもしれませんが、私は当時、「この子、地頭いいな」と思っていました。

彼女は「問題解決能力」が、群を抜いて高かったのです。

数学の計算問題は苦手でも、日常生活の困ったことについては、同級生が考えつかないような方法でするりと解決する力がありました。

好奇心も抜きん出ていて、何かあるたびに質問するし、知りたがります。

そして、コミュニケーション能力も高くて、会話の切り返しが鋭い。

議論にはめっぽう強いし、授業中は先生に予想外のツッコミを入れて、クラスを沸かせることもたびたびありました。

いまの世の中、高学歴なら成功するとは限りません。

起業家を例にとると、学歴は高卒でテストの点数は悪かったとしても、地頭がよくて大成功するパターンが珍しくありません。

逆に高学歴のプライドが邪魔して、新たなチャレンジへの第一歩を踏み出せないパターンだってあります。

日本を一歩出たら、日本で通用する高学歴の肩書きだけでは、役に立ちません。

新しいイノベーションによる創造が求められる時代には、私の中学時代の友達のように問題解決能力、好奇心、コミュニケーション能力に優れた「Ｓｍａｒｔ」で〝地頭が

いい〟人のほうがマッチしていると思います。

その後、彼女とは連絡をとっていませんが、ひょっとしたら世界のどこかであっと驚くような活躍をしているかもしれません。

日本でしか通用しない旧態依然とした学歴主義にあぐらをかいていませんか？

023

自分の限界を超える経験をすればいまから地頭力は高められる

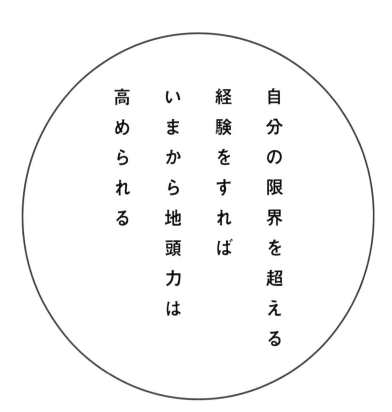

地頭力は生まれ持った頭のよさで、自分の努力では高まらないと思っていませんか？私は、ハーバードで地頭がかなり鍛えられたという実感がありますから、後天的に地頭力を高めることは可能だと思っています。

ハーバードでは、授業で出される大量の課題をこなすため、頭を毎日〝超高速回転〟させているようなものでした。そんな日々を送っているうちに、いつの間にか脳の処理速度が上がってきたように感じます。

パソコンのＣＰＵ（中央演算処理装置）は、どんなに使っても処理速度は高まりませんが、どうやらヒトの脳は使えば使うほど能力が上がるようです。

ハーバードは、「Ｓｍａｒｔ」な学生だらけだったので、彼らと同じ環境に身を置いて切磋琢磨しているうちに、頭の回転数が少しずつ上がってきたような気もします。

「環境が人を変える」というのは、あながち間違っていないようです。

無理に思えるほどの課題を解決するために頭を超高速回転させるような、自分の限界を超えて頭を使わないといけない環境にあえて身を置くようにすれば、地頭力は鍛えられます。

ビジネスパーソンなら、あえて厳しい環境に身を置くために、思い切って最先端のスタートアップ企業などに転職をするという選択肢だってあります。

転職がドラスティックすぎるというのであれば、制度さえ整っていれば、企業間留学で他の企業で働いたり、社費留学で海外大学院で学んだりという手段も考えられます。

あるいは、その日のタスクのスケジューリングを変えてみてはどうでしょうか。

これまでの経験上、残業しないと終わらないようなタスクを定時までに終わらせると決めて、「5分間メソッド」を駆使して頭の処理速度を上げてみるのです。

主夫・主婦の方であれば、時間の刻み方を変えることで効率が上がり、自分の時間を増やすことも可能になるはずです。そんな工夫を凝らしていると、脳のCPUの性能がちょっとずつ上がってくる感覚を得られるようになると思います。

学生であれば、私のようにあえて塾に行かず、自宅で能率的に独学する手法を探求してみるのもいいかもしれません。自分の置かれた環境を変えて、思考のパフォーマンスを上げて地頭力を上げることは、工夫次第で十分可能だと思います。

慣れきった環境に身を置いたままでいいのですか？

024

日本と海外の
温度差に目を向けて
グローバルな舞台で
必要な感覚を身につけよう

いくら「グローバル化」と唱えていても、日本にいると実態がリアルにつかみにくいのではないでしょうか？

たとえば、世界的にはＬＧＢＴ（レズビアン、ゲイ、バイセクシュアル、トランスジェンダー）に関する議論が活発化しており、これまで以上に性差別が問題視されるようになっています。

サッカーのワールドカップ（Ｗ杯）では賞金額に男女差が大きく、女子選手たちから不満の声が上がりました。

その声を受けて国際サッカー連盟（ＦＩＦＡ）は、女子サッカーＷ杯の賞金の増額に迫られました。

また、２０１９年の女子サッカーＷ杯で優勝したアメリカチームのキャプテンは、レズビアンであることを公言しています。

音楽の世界でも、アメリカのあるオーケストラでは、同じポジションのフルート奏者なのに給料に男女差があり、女性側が訴訟で争っています。

そうした海外のニュースを見聞きしているのかしていないのか、女性に「好きな男性のタイプは？」とか「彼氏はいるの？」といった質問を平気でしてくる人がいまだにいます。

それは「女性は男性が好きだ」と思い込んでいることを表しています。**グローバルな場で、このような発言をしたら即アウトです。**グローバルな社会を生きる資格がなく、世界的な課題に対して無関心で思いやりがない人だと思われても仕方ありません。

人種問題についても同様です。「黒人だから走るのが速い」とか「アジア人は数学が得意」といったステレオタイプな見方をしていると、グローバルな議論には入れてもらえません。

事実、海外では「日本はグローバル化の現状を無視した偏見的な見方をする人たちが多い」と思われることもしばしばあります。日本の政界やビジネス界のエグゼクティブクラスに、いまだ女性が少ないのは目立っています。

海外の掲示板で「私はラテン系アメリカ人で今度日本を旅するんだけど、何か気をつけたほうがいいことがあったら教えて！」という質問に、「日本はステレオタイプにとらわれている国。君はきっと〝ラテン系だから情熱的〟だと思われるだろうね」という回答を目撃したこともあります。

〝日本＝ザ・ステレオタイプ〟というのも、偏見といえば偏見ですが……。

あらゆる物事はグローバルな視点で捉えて、多角的に考えるべきです。

そうしないと日本国内だけでしか通用しない常識に染まって、〝思考のガラパゴス化〟に陥る恐れがあります。

２０１９年、日本は国際捕鯨委員会（ＩＷＣ）を脱退して、排他的経済水域での商業捕鯨を再開する決断を下しました。

それについて私のまわりの友人に聞くと、驚かれることがほとんどです。「日本で開催されるラグビーワールドカップのチケットをゲットしたけど、捕鯨再開のニュースを知って日本に行くのをやめた！」という抗議の声をＴｗｉｔｔｅｒに書き込んだ人さえいました。

環境汚染と気候変動が国際的な課題となっている最中に、二酸化炭素の削減に貢献するクジラを、わざわざＩＷＣから脱退してまで、国を挙げて獲って食べようとするのは、逆の視点から見るとかなり疑問が湧きます。

海外でベジタリアンが増えている背景にも、肉食が環境汚染と気候変動を進めることへの強い懸念があります。

性差別、人種差別、環境汚染、気候変動といった世界的な話題に無関心で自分の意見を持たないとしたら、グローバル視点で見ると非常にネガティブなことです。

まずは、その事実に気がつきましょう。そして国内のみならず、世界発のニュースにもっと目を向け、議論を交わしてみてください。

日本語で読む海外のニュースにはバイアスがかかっていたり、すでに時代遅れになったりしている恐れがあります。

最新の話題はリアルタイムに英語でニュースを読み解き、興味を持った話題は英語で検索して調べるようにしたいところです。

半径5メートル以内の日常でしか通用しない考え方にとらわれていませんか？

---

0 2 5

ちょっとした不満を解消することがイノベーションの源泉となる

いま、世界中の起業家たちにとって、「イノベーションを起こす」ことが大きなモチベーションになっていることは間違いないでしょう。

イノベーションとは、シンプルにいうと、世の中に存在していなかった何かを生み出すことです。

それが新しい価値の創造につながり、私たちの暮らし、そして社会全体を便利で豊かにしてくれます。

イノベーションとは、何気ない不満を解消したいという気持ちから始まるものだと私は思っています。

課題解決のためにひたすら考え抜くこと以外、イノベーションを引き起こす方程式はないと思うのです。

まさしく「必要は発明の母」です。

考え抜いた幾つかのピースが奇跡的なタイミングでハマった瞬間、庭の木からリンゴが落ちるのを見て万有引力の法則を発見したとされるアイザック・ニュートンのように、革新的な何かが閃《ひらめ》くのではないでしょうか。

消しゴムつき鉛筆を発明したのは、ハイマン・リップマンというアメリカの画家だそうです。なんとそれは、日本がまだ江戸時代だった1858年のことです。

彼はいつもデッサンの途中で消しゴムをなくす悪いクセがあり、なんとかしたいと思って、鉛筆と消しゴムを合体させるアイデアが生まれたと言われます。

消しゴムつき鉛筆は、画期的ではないという理由で特許が認められなかったそうですが、世の中を便利に変えてくれたことは間違いありません。

消しゴムと鉛筆のように、すでにあるものを組み合わせる発明法は、彼の名から「ハイマン法」と呼ばれています。

不満は、大なり小なり誰にでもあります。いい換えるなら、誰にでもイノベーションを起こすチャンスはあります。

あとは掘り下げるか、掘り下げないかの違い。考えるか、考えないかの違いだと思うのです。

ちょっとした不満をそのまま放置していませんか？

026

「論理的思考」と「批判的思考」で決めつけや思い込みから自分を解き放とう

数字に苦手意識を持っている人は多いと思います。

でも、「数字に弱い」という人の多くは、本当は数字が苦手なのではなく、ロジカル・シンキング（論理的思考）が苦手なのではないでしょうか。

ロジカル・シンキングとは、物事を論理的にわかりやすく考えて問題解決を目指す思考法のこと。土台となるのは、論理のベースとなる「事実の把握」です。

ロジカル・シンキングをする機会が少ないと、数字を読み解く力は伸びません。それが「数字に弱い」という思い込みにつながっているのではないでしょうか。

問題を1つ1つ丁寧に掘り下げるロジカル・シンキングを習慣にすると、数字への耐性が高まり、いつの間にか数字に強くなっていくと思います。

そもそも日常生活でもビジネスでも、数字がついてまわります。

たとえば、同じ50％でも、「50％しかない」と捉えるのか、それとも「50％もある」と捉えるのか。データの出し手や背景にまでさかのぼって、ロジカルに考えてみるべきです。

そうでなければ、数字の持っている意味を取り違える恐れがあるからです。

事実だと思い込んでいた数字やデータに、あとから誤りが見つかることもありますから、事実かどうかのファクトチェックも不可欠です。

ロジカル・シンキング
（論理的思考）

複雑な課題を客観的に見つめ、矛盾や飛躍なく筋が通るよう整理する思考法

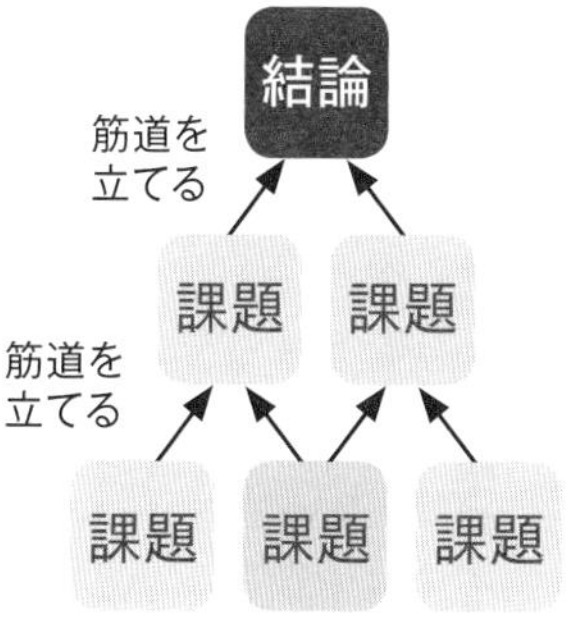

クリティカル・シンキング
（批判的思考）

「本当に正しいのか」と前提条件を疑って考えを深めていき、課題を解決していく思考法

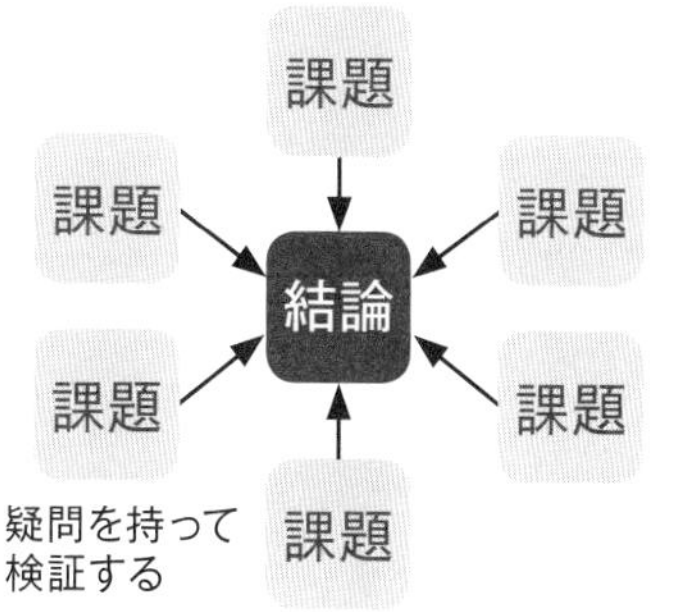

情報源が信頼できるソースなのかをあらためて確認して、複数の情報源をクロスチェックしながら事実を検証します。

とくにインターネットでは「子引き」「孫引き」が当たり前で、出典が示されていないケースも多いです。

情報は玉石混交ですから、参照する際には丁寧な検証が求められます。

ロジカル・シンキングに加えて必要なのが、クリティカル・シンキング（批判的思考）です。

論理的で客観的に考えているつもりでも、そこには気づかないうちに多くのバイアス、つまり〝偏った見方〟が紛れ込んでいることがあります。

こうしたバイアスの存在を疑って、批判

的に検証しながら考えを深めていくのが、クリティカル・シンキングです。

無意識に「自分が正しい」と思い込んでいると、正しい結論にたどり着けないことがあります。

誰でも「自分は正しい」とか「自分が正しくありたい」と思いたいものですが、独善的な思考は考えの幅を狭めて、結局は自分の首を絞めてしまいます。

できるだけ俯瞰して自分を客観視することが大事です。時にはまわりの人に意見を求めながら、独善的になっていないかを検証してみることも効果的です。

クリティカル・シンキングを養うのに読書が有効とされますが、それは著者の視点で自分の考えを検証しながら読み進められるからです。

私は読書に熱心なタイプではありませんが、その代わりに困ったときに入る「第三者スイッチ」があります（229ページ参照）。

まるで赤の他人の第三者が私を見ているように、自らを客観視するのです。

皆さんも考えに行き詰まったときは、第三者的視点に立ってみてください。

「これが正しい！」と思い込んでいたのに、「あれ、ひょっとしたら違う考え方があるかもしれない」という気づきにつながり、柔軟な思考ができるようになります。

そのためには、意地をはったり、データの解釈を変えて自分の意見を通したりすることなく、素直になるのがいちばんです。

ロジカル・シンキングとクリティカル・シンキングの習慣がうまく嚙み合うと、問題解決能力もワンランクアップするはずです。

俯瞰して自分を客観視できず
無意識に自分が正しいと思い込んでいませんか？

027

脳のキャパシティは
有限なので
不要な情報は
入れないようにしよう

人間の脳の容量は有限です。限られたスペースに余計な情報が入っていると、処理スピードが落ちてパフォーマンスが下がります。

かといってパソコンやスマホのように「この記憶は不要だから削除しよう」と、システマティックにデータ量を減らせるわけではありません。

有効なのは、始めから不要な情報を頭に入れないようにすることです。

ネットや雑誌に目を通すときは、まずは見出しでざっとスクリーニング。関心のない記事は素通りします。

ネットにはインパクトの強い見出しで読者の興味を惹きつける技に長けていて、中身をともなわない記事が大量にアップされています。

見出しでちょっと面白そうだと興味をもった記事でも、安心はできません。リードまで読んで「見出しでは面白そうだと思ったけど、中身のなさそうな記事だな」と感じたら、そこで迷わず見切ります。

本当に興味深い記事だけ、本文まで読み込みます。

見出しだけなら、情報量は2キロバイト程度だとすると、本文まで読むと15キロバイト程度。細かい内容を忘れてしまったとしても、見出しや概要さえ覚えていれば、あとでググれば情報は見つかります。

これはショッピングと似ています。気になったものを片っ端から買ってしまうと、部屋がモノであふれてしまいます。そこで、基本はウィンドウショッピングにして、「これぞ!」と思ったものだけお買い物。どうしても悩むものは、品番などをひかえておいて、後で探せるようにしておきます。

これと同じように、自分の興味を惹かない情報は、さっと眺めるだけにします。**自分の仕事や人生に関わるものだとアンテナが反応した情報だけを厳選して、脳にインプットするのです。**

このやり方なら不要な情報が、買ったまま一度も袖を通さない洋服のように居座る心配がなく、脳のパフォーマンスをいつも快適にキープできるでしょう。

「いる・いらない」「アリ・ナシ」をパッと判断するために、私は「アリ=1、ナシ=0」以外に「アリかも=0・5」という第3の道を用意しています。

アリ・ナシを判断すること自体に時間をかけてしまうと、その時間がムダになります。そう思ったら、頭の中の「アリかも」ボックスに放り込むのです。

しばらく経ってから、「アリかも」ボックスを冷静になって眺めてみると、必要性を即断できる場合がほとんどです。

ショッピングでも「買う・買わない」が即決できない場合、「買いかも」ボックスにいったん放り込んで、1週間経ってもまだ欲しかったら、それは「買う」と判断します。ただ、1週間も経つと「なぜこの服が欲しかったんだろう?」と思って、買わない判断をするケースがほとんどです。

情報も、「必要かな?」と迷うものは、その後、だいたいは「必要ナシ」になる場合が多いです。

服も情報も、手に入れるのは簡単でも手放すのは難しいもの。すぐに「1」だと決め込む前に、一度保留ボックスに入れてみることをおすすめします。

本当に必要でない場合は、きっとすぐに忘れてしまうはずです。

ゼロか1の2択だけで物事を判断していませんか?

028

無理に頑張りすぎるよりもパワーナップでリカバリーしよう

ハーバードには「学業、社交、睡眠のうち、2つしか同時に手に入らない」というジョーク（と言われますが、真実です）があります。

3つとも同じくらい大事なのですが、多忙な学生生活において3つを同時に満たすことは難しいのです。

学業も社交も大切ですから、消去法で削るのは睡眠になりがちです。

私もつねに睡眠不足でしたが、「まあハーバードの学生生活なんて、こんなものだろう」と諦めていました。でも、睡眠不足だと、頭の回転は明らかに鈍ります。

睡眠不足で回転が鈍くなった頭で何かを考えたり、タスクをこなしたりしようとすると、余計な時間がかかるので、それがまた睡眠時間を圧迫する悪循環に陥ります。

厚生労働省の『健康づくりのための睡眠指針２０１４』にも、睡眠不足は「人間が十分に覚醒して作業を行うことが可能なのは起床後12〜13時間が限界であり、起床後15時間以上では酒気帯び運転と同じ程度の作業能率まで低下する」と記されています。

ハーバード時代、平日は膨大な課題に追われて、深夜3時くらいまで眠れないのが当たり前でした。そこで何とか睡眠時間を確保しようと、私なりに工夫をしていました。

第一に活用したのは「パワーナップ（昼寝）」です。

前述のように、ハーバード生は1年次は大学近くの寮で生活しています。そこで、時間が空いたら小走りで寮に帰って、15分か30分ほどパワーナップをしていました。**パワーナップには、眠気を解消するだけではなく、睡眠不足で低下した集中力や記憶力を回復させる効果があるそうです。実際、私もそれを実感しました。**

先の厚生労働省の指針でも「午後の早い時刻に30分以内の短い昼寝をすることが、眠気による作業能率の改善に効果的です」と書かれています。

ただし、30分を超えて寝てしまうと深い眠りに入り込み、逆に起きたときに脳が眠たいままになってしまうので、眠りすぎには注意しなければなりません。

世界的にはＩＴ企業などを中心にパワーナップの場所や時間を設けるところが増えてきました。南欧ではランチの後にゆっくり休むシエスタ（昼寝）が当たり前です。

日本でも昼寝の制度を取り入れる企業が現れています。勤め先で昼寝が制度化されていなかったとしても、空いている会議室などを利用してパワーナップしてみると、１日を通してパフォーマンスの低下が避けられるため、仕事の能率が上がると思います。

私は演奏会の前にも昼寝します。楽屋で15分くらい空き時間があったら、練習に励むより昼寝をしたほうが効果的なのです。

本番ギリギリまで練習して気になるところを直そうとしても、演奏レベルが劇的に上がることはありません。それよりも昼寝して脳と体のコンディションを整えたほうが、筋肉が演奏の動きを覚えている「マッスルメモリー」が活性化するので、結果的に上手に弾けるようになります。

先日、私はアメリカ北東部のコネティカット州の音楽祭に参加しました。

この音楽祭をニューヨークの有名なダンスカンパニーと共催しているのは、ウォール街などで財を成して早期引退した超リッチな富豪の方々です。彼らは音楽祭に参加する若い音楽家を自宅に招いて、ホストとしてもてなしてくれます。

本番当日、ホストファミリーの豪邸で私がパワーナップをしていたら、「練習が聴けると思って楽しみにしていたのに、すみれはホント寝てばかりだったね」と冗談交じりにからかわれました。

そこで「パワーナップで力をためておくと、本番直前まで練習ばかりしているより、よい演奏ができるんです」と説明すると、今度はすっかり感心してもらいました。

かつてウォール街でバリバリに活躍していた頃を思い出したのかもしれません。

直前まで力を入れすぎて失敗していませんか？

029

昼寝と週末の戦略的寝だめでパフォーマンスを復活させよう

私の睡眠不足を解消するもう1つの工夫は、「週末の寝だめ」です。

大学時代は課外活動で多くの音楽団体に所属し、仲間たちとのコンサートやオペラプロダクションのためのリハーサルに明け暮れていました。

忙しいときには平日夜10時すぎに仲間と会ってから、深夜までリハーサルを重ねる日もありました。

タフぞろいのハーバード生にとっても、さすがにハードすぎてオーバーヒートすることもしばしば。

日曜はイベントや翌日の課題に備えるため、そんなに寝てはいられないので、せめて土曜は午前中だけでも絶対にオフにして、たっぷり眠るように心がけていました。

いまでもその習慣は続けています。

睡眠不足を軽視して放置していると、「睡眠負債」が蓄積するとされています。

「睡眠負債」という言葉を使い始めたのは、スタンフォード大学睡眠生体リズム研究所の初代所長ウィリアム・C・デメント博士です。

睡眠の貯蓄、いわゆる「寝だめ」はできませんが、週末のまとまった眠りで平日の睡眠負債を返すことは可能だと言われています。

平日は忙しくて睡眠不足を感じているビジネスパーソンは、土日のどちらかの午前中をフリーにして睡眠負債の返済に当ててみることをおすすめします。

土日の寝だめで1週間ごとにリセットしてみるのです。

睡眠については、さまざまな説があります。

科学論文を読み比べてみても、異なる結論が書かれている場合が多く、万人に当てはまる確かな結論が出ていない状態です。

そこで私は、睡眠に関する専門家の意見は、潔くすべて無視しています。

ここは自分のカラダに聞くのがいちばんだと思い、何が自分にとって睡眠不足の解消になるかを考えた結果、昼寝と土曜の寝だめという解決策を導き出したのです。

平日の睡眠不足を自覚している人は、この科学的根拠を無視した「戦略的寝だめ」を試してみてもいいかもしれません。

それで平日の眠気がとれて脳がクリアに働くようになったら、それはあなたにとっての〝正解〟なのですから。

睡眠の大切さを軽視していませんか？

030

３つのステップで本当にやりたいことを洗い出す

ありがたいことに、私は講演の機会をいただくことが増えました。

そこでの質疑応答で、次のような質問がよく寄せられます。

「すみれさんは、起業して自分ですべて決めるＣＥＯという立場だから、仕事も何もかも思った通りにコントロールできているはず。そうした恵まれた立場にない場合、自分の思い通りに生きるにはどうすればいいですか？」

私は経験豊かな人生相談の回答者ではありませんから、こうした質問を受けると正直、戸惑います。

私は自ら起業した会社ではＣＥＯですが、だからといって何もかも思うようにコントロールできているわけでもありません。

考えてみると、たとえ起業していない人でも、誰もが自分という会社を運営している〝自分会社のＣＥＯ〟のようなものです。

勤め先の上司になんと言われようが、自分がどうするかを最終的に判断して行動する主導権は、他ならぬ自分自身にあります。

それなのに組織の上から次々に降りてくるタスクをこなすのに精一杯の日々を送っていると、本当は自分の人生をどうしたいのかがわからなくなる恐れがあります。


自分会社のＣＥＯとして人生を充実させるために欠かせないのは、自分と向き合って

真摯に対話する時間です。

それがないから他人の影響を受けやすくなり、思ったような仕事ができないといった不満につながるのではないでしょうか。

そこで、次の3つのステップで、ぜひ自分と向き合って考える時間をつくってみてください。

ステップ1　今日のTODOリストをすべて書き出す
ステップ2　自分と向き合い、人生の理念と目標を確認する
ステップ3　人生の理念と目標を達成するために何をすべきかをTODOリスト化して実践する

ステップ1で「今日のTODOリスト」をすべて書き出すのは、頭をスッキリさせるためです。

「あれをやらなきゃ」「これもまだ終わっていない」とやるべきタスクが頭に残ってい

ると、自分と真摯に向き合って考えようという心の余裕がなくなります。

書き出してタスクを〝見える化〟するだけでも、結構気がラクになります。

もっとも大事なのは、ステップ2です。

会社でいうなら「経営理念」です。自分会社のCEOとして、どんな理念と目標を持って人生を歩むかをあらためて考えてみるのです。

ステップ1でTODOリストを書き出して頭をスッキリさせたところで、次に自分の人生で何をしたいかを素直に書き出してみるのです。

短期・中期・長期を問わず、そもそも自分が何をしたいのかを箇条書きで書き出してみてください。

日常レベルのタスクに追われていると見過してしまいがちな、自分が気づいていない興味や趣味、将来の目標、新しい仕事やプロジェクトの可能性を発見するきっかけになると思います。

私自身がこのステップ2で活用しているのは、56ページですでに紹介したアイデアノートです。

ステップ3では、ステップ2の理念と目標に近づくため、何をすべきかを書き出してTODOリスト化します。

仕事のTODOリストだけではなく、人生のTODOリストをつくって、自分会社のCEOとして、それをいつまでにどう片づけるかという〝経営判断〟をする習慣をつけましょう。

この作業でも、ぜひ5分間メソッドを活用してみてください。

「自分」という会社を経営する視点で考えたことはありますか？

0 3 1

1日をふり返る日記でマインドフルネスの効果を得よう

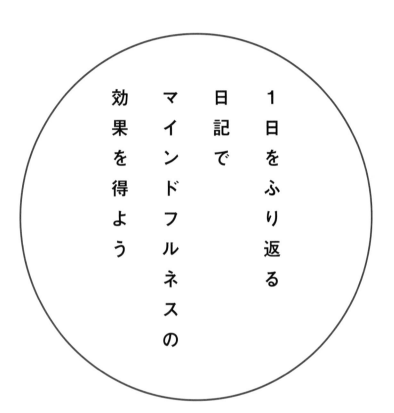

私は小学3年生から今日まで、毎日欠かさず日記を書き続けています。これまで書きためた日記は15冊以上あります。

日記を書くようになったのは、バイオリンを演奏するたびに「この経験と感動を書き残しておきたい!」と思ったのがきっかけでした。

小学生の頃の日記は、その日にバイオリンで弾いた曲や感想、演奏した場所がメインでした。

もっと成長してからは、その日に起こった出来事や感じたことに加えて、着ていた服や会った人から聞いた面白い話、思いついたアイデアなども書くようになりました。

着ていた服を日記に書き残すのは、次に同じ人に会うとき、同じ服を着ないようにするためです。それが私のポリシーでもあります。

日記を書くのは、いつも寝る前です。

1日の出来事や感じたことを簡潔にまとめているうちに、その日の学びや反省点が明確になります。

そうしたことを少し時間が経ってから読み返してみると、「あの頃はこんなことを考えていたんだな」という気づきにもつながります。

さまざまなタスクにふりまわされて忙しい日々を送っていると、立ち止まって自分自身を省みる機会がなくなりがちです。

そこで瞑想で心を集中させる「マインドフルネス」を試す人もいますが、私には日記を書く時間がマインドフルネスの代わりになっています。

私は日記を書くギリギリ、つまり寝る直前まで仕事や勉強をしていることが多いです。心身が完全に弛緩する前の緊張感が残った〝アイドリング状態〟で、その日をふり返るので、気づきや学びも得やすく、思考も整理しやすいです。

マインドフルネスには最低限の慣れが必要ですが、日記はたった1行でもいいので今日から手軽に始められます。

1日の終わりに、自分の学びや思考を整理して頭をスッキリさせるためには、日記はとてもおすすめです。

立ち止まって自分自身をふり返る機会がありますか?

032

中毒性の高いネットの動画はTODOリストを終えたご褒美にしよう

私はテレビのない家庭で育ちました。

正確にいうと、リビングにはテレビがなく、両親の寝室にだけありました。

高校生までは学業とバイオリンの練習の両立のため、テレビを観ている時間的な余裕がありませんでした。

同級生が学校でテレビドラマの話で盛り上がっているとき、その輪に入ることができず、少し寂しい思いをしたことを覚えています。

ハーバード入学後、高校時代に観られなかったテレビドラマを息抜きとしてまとめて観るようになりました。

そこであらためて感じたのは、「多少寂しい思いをしたけれど、テレビを観ない生活をしてきてよかった」ということです。

確かに面白いドラマでしたが、ハマってしまうと学生時代の貴重な時間を奪われていただろうと感じたのです。

そうなることなく、学業とバイオリンの練習に励んでいたからこそ、いまの自分があるのではないかと思うのです。

近年、テレビに代わって〝時間泥棒〟になっているのは、ネットの動画です。

テレビと違ってネットの動画は、いつでも自分の好きな時間に観られますし、テレビの前に座らなくても、スマホでどこでも視聴できます。

コンテンツもバラエティ豊かであり、ネットフリックスなどの人気作品はシリーズ化されてシーズン1からシーズン10くらいまでつくられます。

その気になれば10時間でも15時間でも、ぶっ通しで見続けてしまう〝中毒性〟を秘めています。

私もネットフリックスや民放公式テレビポータル「TVer（ティーバー）」などを利用していますが、マイルールを1つ設けています。

「TODOリストに書き出した一定のタスクを終えたら、そのご褒美として観る」というルールです。

観たいドラマがあったら「早くあのドラマの続きが観たいから、TODOリストを終わらせよう」とモチベーションが高まるという効果もあります。

惰性で延々とネット動画を観続けていませんか？

まとめ

- 「5分間」など短い時間で区切り究極集中して成果をあげる
- 部屋や机を整理してスッキリさせておくことを習慣化
- 不満を解消しようとすることにイノベーションの源がある
- 思考をクリアにするために昼寝を取り入れてみる
- 日記を書くとマインドフルネスの効果も

第4章

英語脳でロジカル・シンキングを伸ばす

0 3 3

2つのルールだけ守って論理的に文章を書いてみよう

ハーバード生の論理的思考力が高い理由の1つに、子どもの頃から受けている「英作文」の教育があると思います。

日本では、国語の授業や夏休みの課題で、作文や読書感想文を書かされることはあっても、作文の書き方は教えてくれません。

学校の先生が、原稿用紙3枚分もの文章をどう構成したらいいのかを教えてくれた記憶が、少なくとも私にはないのです。

子どもに書かせるだけ書かせておいて、先生は評価するだけ。どう書けばいいかの指導がないのは不思議な話です。

先生から戻ってきた読書感想文に「あらすじだけにならないように」「自分の意見を書きましょう」などと赤ペンが入っていても、具体的なスキルを教わらないと改善しようがありません。

一方、アメリカでは、自分の考えを誰にでもわかるように、論理的に説明する能力を高めるため、誰でも小学生の頃から英作文の書き方を教えられます。

それが「5パラグラフ（段落）エッセイ」、つまり5つの段落からなる小論文です。

5パラグラフエッセイの構成には、完成されたテンプレートがあります。それを小学生の頃から学ぶのです。夏休みの思い出も読書感想文も、そのテンプレートに従って書くだけですから理に適っています。

作文の技術を習うというと、いかにうまく書くかを伝授してくれる文章講座のようなものだと思われがちですが、そうではありません。

アメリカで子どもたちが学ぶ作文のテンプレートは、文章の内容にかかわらず、自分の意見をわかりやすく伝えるための技術なのです。

このテンプレートは、たった2つのルールを踏まえるだけで活用できます。作文や資料づくりはもちろん、日常の会話や仕事のプレゼンテーションにも応用できます。

1つ目のルールは「1パラグラフ（段落）・1アイデア」。1つの段落には、1つの考えや主張しか入れないというシンプルなルールです。

段落ごとに順を追って読めば内容が相手に伝わるので、物事を順序立てて伝えるのに有効です。

2つ目のルールは、5つの段落が、「イントロダクション（導入）⇓ボディ1（本論）⇓ボディ2⇓ボディ3⇓コンクルージョン（結論）」という順番で展開していることです。

広く一般に多くの人が読むことが前提となる新聞の社説や論文のような文章は、例外なくこのルールが貫かれています。

この形式は、よく「ハンバーガー」にたとえられます。

ハンバーガーの「バンズ＝導入・結論」「具材＝３つの本論」

最初の「導入」では、５段落全体で何を伝えたいかという主題を提示します。

いきなり主題から始めるのは唐突ですから、多くは読み手の興味をかき立てる「フック（つかみ）」を入れます。

それから３つの段落で順番に本論を述べ、最後の結論では、もう一度主題を違ういい方でくり返します。つまり**「主題≒結論」**ということです。

これはハンバーガーの上下を挟むバンズ（パン）のようなものなのです。

バンズで挟んでいるのが、３つの「本論」。本論では、主題を詳しく説明したり、その根拠を示したりします。

これら本論は、バンズが挟んでいる「肉」「トマト」「タマネギ」などの具材に

たとえられます。

本論は必ずしも3つ必要なわけではないのですが、説得力を高めるために通常は1つや2つではなく、3つの根拠を展開するのが慣例になっています。挟む具材が多くなるほどハンバーガーを食べたときの満足度が上がるのと同じようなものです。

とりとめのない話し言葉は感覚的に展開しますが、書き言葉は論理的に考えを伝える練習に最適です。

何かについて考えをまとめるとき、この5パラグラフエッセイのルールで書いてみると、物事を論理的に捉えるロジカル・シンキングが磨かれます。

たとえば、職場でのミーティングで、ある課題に対して解決法を提案したいとき。まず主題（かつ結論）を先に述べて、「その理由は3つあります。」と先に告げておきます。すると、自分も頭の中を整理して話しやすくなりますし、相手にとっても、どのようにその先の話を聞けばいいかの指針がクリアになり、一石二鳥です。

提案する理由も、ひと続きの文としてダラダラと話すよりも、「1つ目は〜、2つ目は〜」と話すことにより、不思議と説得力が増します。

そのほうが「この人は話したい内容を自分できちんと理解したうえで話しているんだ

な」という印象づけができるからです。

そして最後に、もう一度結論を念押しして、提案の主題（かつ結論）をリマインドすることで、ハンバーガーが完成します。

こうして5パラグラフ式の提案が成立します。

このようにして、論理的思考を日ごろの生活にも取り入れてみてください。きっといい意味での「クセ」が自然とついてくるはずです。

作文の苦手意識は
シンプルなルールを知らなかっただけかも？

034

「箇条書き」「下書き」「仕上げ」の３ステップで考えをまとめよう

ハーバードに入学した最初の学期では、英語が母国語ではない学生向けのライティング（作文）の授業で、小論文の書き方を教わりました。**なぜライティングの授業があるかというと、ハーバードでは毎日のように小論文形式の課題が出るからです。**

1つのテーマについてのレポートをA4で10ページほどの文章にまとめることが求められます。そこで教わった方法は、次の3ステップで考えをまとめて書く方法です。

ステップ1　箇条書き
ステップ2　下書き
ステップ3　仕上げ

ステップ1の「箇条書き」では、自分の頭に浮かんだアイデアやテーマに則して、書きたいと思った事柄を片っ端から箇条書きにします。ステップ2の「下書き」では、5パラグラフエッセイの基本である「導入⇓本論1⇓本論2⇓本論3⇓結論」という段落

の構造に従って、ステップ１で箇条書きにしたものを並べ替えます。

その後、それぞれの段落を肉づけして、エッセイとして「まあ読めるかな」というところまで持っていきます。

ステップ３では下書きを何度も推敲しながら、より正確でなおかつストレートに自分の考えが伝わるように、また読者が退屈しないように工夫しながら仕上げていきます。

ライティングの授業では「時間配分」も学びました。

授業では３つのステップごとに締め切りが設定されています。

最終的な締め切りしか設定しないと、ステップ１の箇条書きの段階で時間を使いすぎてしまい、ステップ３の推敲が不十分なままで提出することになってしまいかねません。

そうならないようにステップごとに締め切りを設定して、時間配分を誤ることなく、質の高い思考とそれを反映したアウトプットをできるようにするのです。この３つのステップは仕事の書類やプレゼンの準備にも応用可能なスキルで、私も実践しています。

自分の考えを組み立ててから文章を書き始めていますか？

0 3 5

「結論⇓要点箇条書き」の英語式で日本語のメールもシンプルに伝えよう

5パラグラフエッセイは、基本的に英語の構造を反映しています。英語の基本的な構造は「SVO型」で、「主語（S）＋動詞（V）＋目的語（O）」という語順を踏まえています。たとえば、「I ride a bike.」は、「私は（S）＋乗る（V）＋自転車に（O）」という語順をたどっています。

S＋Vで「誰が何をするのか」という主題が先にある英語の構造は、内容が早く明快に伝わりやすいメリットがあります。始めに主題を述べてから、その中身を具体的に語る5パラグラフエッセイは、英語の構造を拡大化したものなのです。

これと対照的に日本語の構造は「SOV型」で、「主語（S）＋目的語（O）＋動詞（V）」という語順を踏まえています。先ほどの英語の例文を日本語に置き換えてみると、「私は（S）＋自転車に（O）＋乗る（V）」となります。

日本語では、最後の動詞（V）にまでたどりつかないと、「私」が「自転車」で何をするのかがわかりません。「起承転結」という言葉が示しているように、日本語は最後の最後に結論を述べる構造になっているのが特徴なのです。

英語だと友人や仕事仲間とのやり取りは簡単です。

始めに「今日は次のコンサートの日程調整でメールしました。連絡事項は全部で3つあります」といきなり結論を語り、3つの連絡事項を箇条書きにするだけだからです。

要点がはっきりするので送信側は楽ですし、受信側も理解しやすいです。

一方、日本語で友人や仕事仲間とメールでやり取りすると、「お疲れ様です」などという挨拶から始まり、結論がない文章がしばらく続くことが多いです。

メールで伝えたい要点がどこにあるのかがわからないまま、最後に「何卒よろしくお願いします」で締めくくったりするのですが、長い文章を読まされた挙げ句、いったい何が「何卒よろしくお願い」なのか、わからないことも少なくありません。

日本語でメールを書くときも、英語のように「結論⇓要点箇条書き」というシンプルなスタイルのほうが伝わりやすいです。

「お疲れ様です」も「何卒よろしくお願いします」も形式的なものにすぎないので、そろそろ省略してもいいのではないかと思ってしまいます。

ＦａｃｅｂｏｏｋやＬＩＮＥでのやりとりのほうが社交辞令を省き、手短な文章でやりとりする文化が進んでいるので、手間が省けて要点を理解しやすく便利です。

要点がわかるメールづくりを心がけていますか？

036

日本語モードから英語モードへ自信たっぷりに主張してみよう

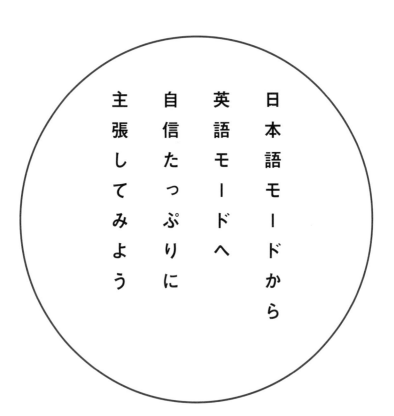

英語では主語は「I」だけですが、日本語では「私」「僕」「俺」のようにたくさんあります。文末の変化もバラエティに富んでおり、敬語も複雑です。

こうした日本語の特徴は、日本語を学ぼうとする外国人には難しく感じるようです。

16世紀に日本でカトリックの布教活動を行ったフランシスコ・ザビエルは、日本人とその文化を賞賛する一方、日本語については、その難しさから「悪魔の言語」と呼んだと伝えられています。

ザビエル自身は、スペイン・バスク地方の出身であり、母国語のバスク語もヨーロッパでは習得が難しい言語の1つに数えられています。

英語には「バスク人を誘惑するために悪魔はバスク語を習ったが、7年かけて習得できたのは〝はい〟と〝いいえ〟だけだった」というジョークがあるくらいです。

そのザビエルが音をあげたのですから、日本語の難しさは筋金入りといえるでしょう。

もちろん、日本語には日本語のよさがあります。たとえば、日本語は文末を微妙に変えるだけで、細かいニュアンスと思いが伝わりやすいという特徴があります。

「だね」「ですね」「かもしれない」と文末を変えると、その場と相手に応じて適切なコミュニケーションができます。

メールでよく使われる日本発祥の「絵文字」にも、文末に文章だけでは伝わらない思いを込めたいという、日本人ならではの繊細な感受性が表れているような気がします。

ひな人形や門松など、日本でしか通じない絵文字が全世界のスマホで使われていますが、私は誇りに思います。

日本語の曖昧さは、ストレートに白黒をはっきりさせるビジネスのコミュニケーションには、英語に比べると向いていないかもしれません。でも、ストレートすぎる物言いで無用な波風を立てたくない日常生活でのやり取りには適している面があります。

英文でメッセージを送るときに文末のピリオドであっさり終わってしまうと、こちらには他意も悪意もないのに、私は何だかぶっきらぼうで冷たく感じることがあります。

そこで私は日本語の感覚で最後に「……」をつけたり、「！！！」とビックリマークを連打したりして、ハーバードの友人たちから「ジャパニーズスタイルだね」とからかわれたこともありました。

ただし、日本語を使う感覚でストレートな物言いを避けていると、グローバルな環境では主張や考えに自信がない弱気な人だと軽んじられる怖れもあります。

アメリカ人や中国人の友人には自己主張をはっきりするタイプが多く、英語で自信たっぷりに意見や考えを伝えてきます。たとえ自信がなくても、弱気になると負けだと思っているので、自信たっぷりに胸を張って話すのでしょう。

日本語には敬語というフォーマットがあるので、目上の人にタメ口で自分の意見をいうことは考えられません。

その点、英語はカジュアルとフォーマルの境目が極めて曖昧で、ハーバードでも学生が教授のことをファーストネームで呼ぶことすらあります。

丁寧な言葉遣いといえば、せいぜい「〜〜してもらえますか?」の「Can you……」を「Could you……」に変えるくらいですから、目上の人にも話し方を変えることなく堂々と物申せるのです。

日本に暮らしている日本人同士が日本語で会話するときはともかく、海外の人たちとコミュニケーションをする機会があったら、頭を日本語モードから英語モードに切り替えて自信たっぷりに主張するべきです。

英語を学ぶことも、単なるコミュニケーション力の向上に留まらず、SVO型によるロジカル・シンキングを磨くことにもつながるはずです。

自分の意見に自信を持って胸を張って議論していますか?

0 3 7

ハーバード式小論文で作文能力を鍛えてみよう

ハーバードの授業では、「遺伝子操作の倫理性」や「中国の大気汚染」といったトピックについて新聞記事を3本ほど読み、それをもとにして小論文で自分の考えをまとめる課題がよく出されていました。

この課題は、独学でもロジカル・シンキングを磨くことができると思います。

まずは「少子高齢化」「再生可能エネルギー」「外国人労働者容認」といったテーマを自分で1つ決めてみます。

次に、紙媒体でなくネットで公開されている記事からでもいいので、「一般紙」「経済紙」「英字新聞」のように立ち位置の異なる記事のなかから3本ほどピックアップしてみます。

その3本を熟読してから、163ページで紹介した自分なりの考えを3つのステップでまとめて、5パラグラフエッセイで展開してみるのです。

気をつけたいのは、単なる記事の要約で終わらないことです。

きちんと記事を読んだうえで、テーマに基づいて問題点を洗い出し、自分なりのコンクルージョン（結論）を導き出してみましょう。

頭の中で読み手を想定してみると、結論は比較的スムーズにまとめられます。

野球のキャッチボールで、相手が取りやすい場所に球を投げ込むような感覚で、架空

の読み手の心に響くように書いてみましょう。

私がハーバードで受けていた音楽の授業では、小論文の課題がしょっちゅう出されていました。

そこでは、読み手がプロの音楽家なのか、それとも音楽好きである程度の素養があるのか、音楽に興味はあるけれど素養はない人なのか、区別してきちんと書き分けるようにと指導されました。

それというのも、素養のない人を相手に専門用語を使っても、伝えたい内容が伝わらないからです。

新聞記事の読み比べを踏まえて5パラグラフエッセイを書くときも、読み手は友人なのか、家族なのか、上司なのか、それとも同僚なのか、あるいは社外の人なのかを具体的に想定しましょう。

その想定した人を頭に思い浮かべながら書くようにすると伝わりやすくなり、思考力の鍛錬につながります。

できれば同じトピックでエッセイを読み合う相手がいると、意見の比較ができて相乗効果を見込めると思います。

ものを書くときに読み手のことを思い浮かべていますか？

テーマを1つ決める

記事を3本読む

3ステップでまとめる

5パラグラフエッセイで展開する

038

アメリカスタイルのAPAで国際基準の引用の仕方を覚えておこう

ハーバードでは、ライティングの授業のときに「引用」の方法もフォーマット化して徹底的に教わりました。

たとえば、文科系の引用フォーマットの基本に「ＡＰＡ」と呼ばれるスタイルがあります。ＡＰＡとは、The American Psychological Association（米国心理学会）の頭文字をとったものです。

ＡＰＡでは、引用先文献の種類によって、「著者名」「出版年度」「章」「ページ」などを明記するように定められています。

文章をそのまま引用する場合には、二重引用符（" "）をつけ、さらにパラフレーズ（言い換え）をした場合も参照元を明記するのが決まりです。

これは一例で、このようなフォーマットが科学系や文科系など専門分野によって分かれており、使い方を細かく練習させられます。

私たちは皆、先人の業績や著作を多かれ少なかれ参照したうえで思考を深めています。だからこそ正しく引用しないと、どこまでが他人の考えであり、どこからが自分の考えなのかが曖昧になります。

オリジナルの文章の一部変更だけで済ませたら、最悪の場合は盗用が疑われるのです。

ハーバードでは、出典をまったく記していなかったり、他人の考えや文章の一部を自

分なりに言い換えしたからといって引用をつけなかったりすると、大学の審議会にかけられます。

正しい引用をしなかったばかりに、ある学生が強制的に休学させられたことが実際にありました。

「学生相手にそこまでしなくても……」と思うかもしれませんが、他人のアイデアと自分のアイデアを峻別するクセをつけておかないと、読者の信頼を得ることはできないどころか、法的問題になりかねないのです。

万が一、正確な引用ができないまま書いた論文が、何かのきっかけで『サイエンス』など世界的に権威のある専門誌に掲載されてしまい、のちに引用の不備が発覚すると、社会的制裁を受けることも考えられます。

それを未然に防ぐため、ハーバードでは1年生のうちから徹底的に指導されるのです。アカデミックな世界だけではなく、ビジネスの世界でも、他人の意見や発見を盗用するようなことは許されません。

インターネットのまとめサイトなどでは、他人の考えをそっくりそのまま転載するようなことが平気で行われています。

日本でも数年前、ネットなどから収集した根拠のない健康情報をオリジナルコンテンツであるかのように並べたサイトが大炎上し、閉鎖に追い込まれる事件がありました。ネット上で「みんなやってるから大丈夫」と油断すると、感覚が麻痺して無意識にどこかで読んだ他人の考えを、自分の考えとして発信する怖れもありますから注意が必要です。

他人の考えを無意識に盗用していませんか？

039

英語の情報源にチャレンジして思考のガラパゴス化を防ごう

世界のある場所で起きた事件が、一瞬にして地球の裏側に影響を及ぼすいまの時代、日本語の情報源のみに頼るのは危険です。

私が日本に帰ったとき、久々にテレビを観て驚かされるのは、どのキー局のワイドショーでも同じような話題ばかりが取り上げられていることです。

番組と司会者とコメンテーターが違うだけで、5つとか6つくらいの、どこも似たようなトピックスをオンエアしていたりします。

日本の製造業がガラパゴス化していると言われますが、こうした情報面でも日本は孤立しかけている気がします。

ネットで使われている言語の調査（2019年、Internet World Stats）によると、もっとも多いのは英語の約25％で全体の4分の1を占めています。

次いで多いのは中国語の約19％で、全体の5分の1。以下、スペイン語8％、アラビア語5％、ポルトガル語4％となっています。

日本語は約3％（2.7％）で第8位と、英語の9分の1以下で、中国語の7分の1以下です。

私はネットで調べ物をするときの多くは、日本語ではなく英語で検索をかけます。そのほうがデータ量は格段に多く、知りたい情報にたどり着きやすいからです。

代表的なインターネット上の百科事典サイトである「ウィキペディア」の記事数は、英語が約600万本ですが、日本語は118万本程度とドイツ語やフランス語の半分くらいに留まっています。

言葉の壁はありますが、日本の情報源だけに頼ると情報の量と広がりが限られるので、知らない間に思考がガラパゴス化する恐れがあります。

英語や中国語を学ぶことは、語学力が高まるだけではなく、思考の源泉となる情報量とバリエーションを増やせるというメリットもあります。

日本にいながら世界中のニュースやドキュメンタリー番組が、簡単に英語で視聴できる時代です。

海外のニュースチャンネルやニュースサイトにアクセスして英語で情報収集をすることは、これからさらに不可欠になっていくでしょう。

英語のネット検索にチャレンジしてみませんか？

まとめ

- 1つの段落に1つの話題を徹底する
- 箇条書き、下書き、仕上げで考えをまとめる
- 主題、本論、結論の順番で考えを伝える
- メールは先に結論を述べ、その後要点を箇条書き
- 記事で情報収集して自分の考えをまとめる訓練

第5章

考える力で仕事力をアップする

040

TODOリストではあえて優先順位をつけない

私は子どもの頃から、翌日のやるべきタスクをリスト化した「TODOリスト」を毎晩つくっていました。

何事も段取り好きの母がつくっていたのを横目で見ていて、「なんだか楽しそうだな」と思って始めたのがきっかけです。

TODOリストは、やるべきことを確実にこなすという以外にもメリットがあります。それはアイデアノートもそうですが、紙に書き出すことによって、「これをやらなきゃ」とずっと考えておく必要がなくなり、脳の空き容量を増やせることです。

TODOリストというとビジネスパーソンが使うものというイメージが強いようですが、私のハーバードの同級生たちにも「子どもの頃からTODOリストを使っていた」という人が多かったです。

私が小学生のときは「明日はぞうきんを持っていく」ということまでメモしていました。

ハーバード時代の私は、スケジュール帳とTODOリストが一体化していました。目の前の課題を済ませないと次に進めないので、朝9時から予習、午前10～11時は授業、正午から宿題、14時半から友人とミーティングを兼ねたお茶……といった具合にスケジュールとタスクを同時に管理していたのです。

私はいまでもTODOリストを愛用しています。

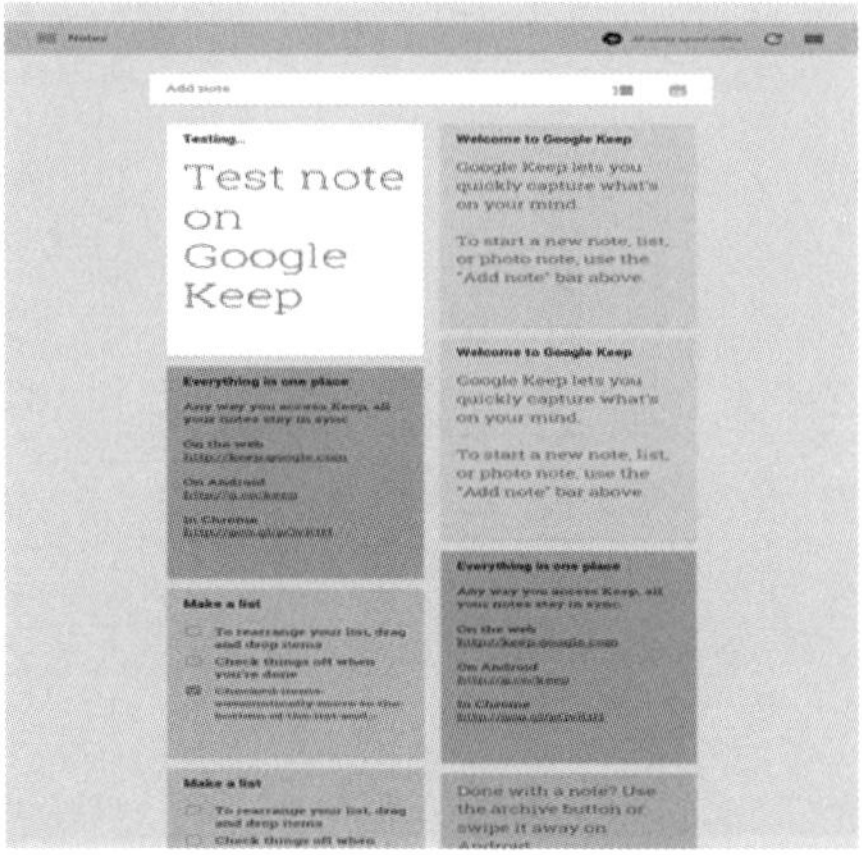

Google Keep で TODOLIST を管理

アイデアノートは紙派ですが、旅も多いのでTODOリストはスマホで管理しています。現在使っているのは『Ｇｏｏｇｌｅ Ｋｅｅｐ』というメモアプリです。

このメモアプリに朝起きて1日のタスクを入力すると、私が使用するＧｏｏｇｌｅスマホ「ピクセル」だと待ち受け画面にリストが表示される仕組みになっているので、スマホを開けるだけでやるべきことがわかります。

仕事とプライベートでリストを分けて管理している人もいるようですが、私は1つにまとめています。

ですから「スポンサー集めのための映像を編集する」というタスクと「眼科で処方箋をもらう」というタスクが仲よく並んで

いたりします。

「分野ごとにリストをつくったほうが整理しやすいのでは？」と思われるかも知れませんが、私の場合、「複数のリストをチェックしないといけない」と思うことが心理的なストレスになるので一本化しています。

TODOリストでは重要度を基準に優先順位をつける人もいますが、私はあえて優先順位をつけないようにしています。

なぜなら、リストで優先順位をつけるには、複数のタスクを比べて重要度を判断する作業が求められるからです。

その作業をしなくてもわかる大まかな優先順位を頭の中においておきながら、まずは仕事にとりかかるのが私流です。

わかりやすく一本化した
自分なりのタスク管理をしていますか？

041

TODOリストは緊急度の高いタスクを目安にしよう

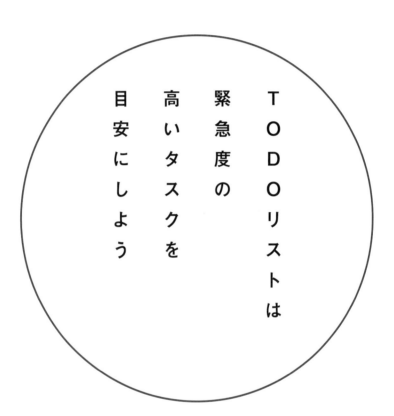

私はTODOリストに優先順位をつけないかわりに、緊急度の高いものには印をつけるようにしています。

重要度と違って、どのタスクの緊急度が高いかは、締め切りから逆算すれば即座にわかります。

1日という短いスパンで考えると「緊急度が高いもの＝重要度が高いもの」ですから、緊急度だけを見ればいいのです。

中には、楽器の練習や資格をとるための勉強のように、締め切りはだいぶ先でも、日々コツコツとやっておかないといけないタスクもあります。

これらの中長期的なタスクは、1日スパンでの緊急度は決して高くありません。だからといって、TODOリストのいちばん下にリストアップして毎日後まわしにしていては、いつまで経っても手がつけられません。

語学の習得もそうですが、こうした中長期的なタスクの多くは、毎日少しずつ続けて初めて達成できるものばかりです。言い換えると「習慣化」が大事になります。

そこで私は毎日時間を決めて、曖昧なイメージではなく「具体的に何をするか」まで落とし込んで、決まった時間にスケジュール帳に入れておきます。

または「Todoist」のような習慣化アプリを使うのも手です。

また「Ｇｏｏｇｌｅカレンダー」では、「ゴール」という機能を使うと、たとえば「週2で夕方にヨガ1時間やりたい」と一度登録するだけで、毎週スケジュールの空いた夕方の時間帯を勝手に見つけて予定を組み込んでくれます。

私の中長期的なタスクの1つはスペイン語の習得なので、いまは「週2回30分スペイン語の単語を暗記する」と決めてスケジュールに組み込んでいます。

スマホのアプリを活用して
中長期的なタスクを実行していますか？

042

複数の専門分野を
探求して
複眼的な見方と
考え方をしよう

1つのことをとことん極める伝統工芸などの職人さんの世界はさておき、変化が激しいこれからの時代を生き抜こうとするビジネスパーソンは、メジャーリーグのロサンゼルス・エンゼルスで投手と打者の二刀流にチャレンジしている大谷翔平選手のように、複数の得意分野を持つことが有利に働くはずです。

日本の大学では専攻は通常1つだけで、しかも入試のときに決めた学部から変更することはほとんどありません。

つまり高校卒業時に進路を決めたら最後、法学部に入って民法を学んだり、経済学部に入ってマーケティングを学んだりするのが普通です。

一方、アメリカの大学では、入試の時点で専攻を決めることはほぼありません。

1年間いろんな分野の授業を試した経験を踏まえて、2年次以降に専攻を選びます。しかも複数の専攻を持つことが可能なので、主専攻を2つ選択してダブルメジャーにしたり、メインの「主専攻」とサブの「副専攻」ということもできます。

私自身は、2年次の主専攻が「応用数学」、3年次では主専攻を「社会学」に変更し、4年次では主専攻を「音楽」とし、副専攻には「グローバル・ヘルス（国際保健）」を選びました。このように同時に2つ以上の分野を極めようとすると、複眼的な見方や考え方ができるようになります。

このように授業数さえ満たせば自由に主専攻と副専攻が変えられる柔軟性も、ハーバードのカリキュラムの優れている点だと思います。

ハーバードの学び方は、古代ギリシャ・ローマ時代にルーツを持つ「リベラル・アーツ」のスタイルです。

リベラル・アーツでは、文系や理系といった縦割りではなく、人文科学、社会科学、自然科学を横断的に学びます。

日本でも、国際基督教大学、慶應義塾大学湘南藤沢キャンパス（SFC）、立命館アジア太平洋大学のように、リベラル・アーツが学べる学校が増えてきたようですね。

自分の強みは1つだけあればいいと油断していませんか？

0 4 3

「二兎を追う者は
一兎をも得ず」ではなく
「二兎追って三兎得る」
ようにしよう

「二兎を追う者は一兎をも得ず」ということわざがあります。あれやこれやと興味の赴くままに手を広げすぎてしまうと、何1つとして極められないという戒めです。

しかし、ハーバード生はむしろ「二兎追って三兎得る」というスタイルです。若いうちはあえて焦点を絞らず、興味のあるものを好きなだけ追求するのです。

だからハーバード生たちは、スケジュール帳が真っ黒になるくらいのマルチタスクで、TODOリストをクリアしようと頑張ります。

最近読んだナポレオン・ヒルの著書に「Our only limitations are those we set up in our own minds（＝われわれのいう限界とは、自分が心の中で決め込んでしまったことにすぎない）」という一節がありました。

「二兎を追う者は一兎をも得ず」ということわざは、テクノロジーが発達する前の時代から現代まで、なぜか語り継がれてしまった迷信かもしれません。

ハーバードは、なぜリベラル・アーツ的な学びをとり入れているのかというと、何か1つのテーマを選んで突き詰めるより、複数の専門性を探求するほうが思考力も見聞も人間性の幅もうんと広がるからです。

藤原和博さんがおっしゃっているように、仮に人文科学で100人に1人、社会科学で100人に1人、そして自然科学で100人に1人のレベルまで極められたら、1000万人に1人の人材になれます。

ハーバード生はアカデミアの世界で極めたいと思った分野に関しては、大学院で修士（マスター）を取得するだけでなく、研鑽を続けて博士（ドクター）まで取得する人も多くいます。

すると1000万人に1人、1億人に1人という人材になれるのです。

何か1つの分野を突き詰めてスペシャリストになることは大切ですが、突き詰める分野をどん欲に増やす姿勢は、これからはビジネスパーソンにも欠かせないと思います。それは簡単なことではありませんが、限界を自分の「心の中で決め込んで」しまわなければ、不可能なことではありません。

統計学、コミュニケーションスキル、プログラミング言語……。視点が増えてくるほど考える力も伸び、発想も豊かになってきます。

多角的な視点から判断して意思決定できることも、グローバルに活躍するための大事なスキルです。

関連がないと思われていた分野に思わぬつながりを発見し、それが何かの問題解決の突破口になることもあります。

たとえば医療の現場では、専門があまりに細分化されすぎて原因究明できていなかった疾患に関して、2つの専門分野を理解する医師による診断で両方の観点から判断して原因が突き止められるというケースも出てきています。

複数のジャンルで一目置かれる人材になれたら、それだけ社会に必要としてもらえるバリューが身につくのではないでしょうか。

自分の限界を自分で決めつけて損していませんか？

0 4 4

仕事とは関係ない趣味をセミプロレベルに極めてみよう

複数分野を極めようとするには、まず主軸を1つ、定めるべきだと考えます。ハーバードの例でいえば、「主専攻」という主軸があり、その他に「副専攻」があるという具合です。

私が主軸を定めることの重要性をあらためて感じたのは、漫才コンビ・キングコングの西野亮廣さんとお会いしたときに交わした会話がきっかけでした。

西野さんはお笑い芸人としてだけでなく、絵本作家としても活躍されており、ニューヨークで個展を開いたこともあります。

その個展に出かけたときに、西野さんと少しお話する機会があったのです。

そこで西野さんは「自分はお笑い芸人として突き抜けているから、絵本や小説を書いても認知されるし、評価もされるのだと思う」と私におっしゃいました。

私も子どもの頃から続けたバイオリンという主軸があるからこそ、ビジネスなど他の活動がうまくまわっているのだと感じています。

「これだけは誰にも負けない」という主軸の存在は、自信をもたらしてくれます。

「ブレない主軸をつくるには不断の努力が求められる」ということは皆、何となく知っていますから、〝ブレない何か〟があると他者からの信用が得やすくなるのです。

もし「日々に刺激がない」とか「何か趣味が欲しい」と感じているのなら、仕事とはまったく関連のないことで興味や趣味を持ち、それを突き詰めてみてください。その際にはアマチュアではなく、セミプロレベルを目指してみましょう。年齢は言い訳にはなりません。

他の分野にシナジー効果を及ぼすチャンスを得るには、胸を張って名刺に肩書きとして刷れるレベルの高い専門性が求められるのです。

何がどう自分のバリューアップにつながるかは、全力でぶつかってみないとわかりません。まずは第一歩を踏み出してみてください。きっと新しい自分に出会えます。

全力投球できる趣味はありますか？

045

固定化した環境から一歩踏み出す工夫をしよう

仕事でもプライベートでも、壁にぶつかったようにアイデアが何も出てこなくなるスランプに陥ることがあります。

そういうときには、大きく2つの打開策があります。

1つ目は、**「考える環境を変える」**ことです。

ハーバード時代、天気がいい日に教授が「今日は外でやろうか！」と大きな図書館の階段に座って授業をしたことがあります。

いつもは疲れてどんよりしている生徒たちのテンションは上がり、これまでになかった発想が生まれるなど、いいこと尽くめでした。

いつもの場所を変えるなどして刺激を入れることは、ときに有効であることを実感した1日でした。

場所だけでなく、時間帯も環境の一部です。

いつもは午後にやっている仕事や練習を、午前中にやってみたりすると案外新鮮です。

ハーバードでは朝にミーティングをするときには、ホスト側がコーヒーとドーナツを準備してくれたりして、モチベーションが上がる仕組みが整えられることもありました。

ビジネスパーソンも、仕事で行き詰まったら、思い切ってメンバー全員でオフィスを出て、近くの公園までブラブラ散歩してみるのも効果的だと思います。

前述のように脳には〝ゆらぎ〟があり、オフィスのように固定化して〝ゆらぎ〟のない環境にいると疲れがたまってしまいます。

公園のような自然の環境で、木漏れ日や小鳥の鳴き声、そよ風といった〝ゆらぎ〟を感じると、脳も気分もやわらかくなって、解決の糸口が見つかりやすくなるはずです。

帰りに飲み物を買って会議室に戻って、続きにとりかかってもいいですし、気候がよければそのまま公園で会議の続きをするのも悪くないと思います。

「ミーティングは会議室でやるもの」という固定観念を一度外すところから始めてみてください。

２つ目の方法は、**「部外者の意見に耳を傾ける」**ことです。

毎度、固定化したメンバーだと、たとえ環境を変えてみても効果が限られるかもしれません。

そこで、まったくの部外者の意見を聞いてみるのです。

たとえば、たまたま会議室前の廊下を通りかかった同僚に「ちょっといい？」と声をかけて、少しだけ時間をもらって会議に参加してもらうのです。

部外者だからこその視点で斬新な意見を提供してくれるかもしれませんし、その存在がちょっとした緊張感も生んでくれます。

私が日本でインターンを体験したウルトラテクノロジスト集団「チームラボ」では、自然に他人の声が聞けるようなオフィス環境が整えられていました。

オフィスがワンフロアで壁やパーティションの仕切りがまったくないつくりで、会議をしていても隣のテーブルのやりとりが筒抜けですが、そこが狙いです。

たまたま同じ場にいる人に意見を求めやすいし、立場がまったく違う考えや意見がランダムに飛び交っている環境だと、その〝雑音〟から思わぬヒントがもらえるチャンスだってあるからです。

いつも同じデスク、同じ部屋、同じメンバーばかりと過ごしていませんか？

046

社交の場で
人脈を広げつつ
視野と考え方を
広げよう

いろいろな人たちの考え方に触れると、触発されて自分の思考力にも幅と奥行きが生まれるようになります。

そのための有効な手段となるのが「社交」です。ハーバードは社交を重視しています。実際、ハーバードでは折に触れて、さまざまな社交パーティが企画されます。

学期末には大学主催のダンスパーティが催されますし、寮単位でも盛んにパーティが開かれます。中には国内外のハーバード同窓生や、ビジネス界の重鎮がたくさん集まる大規模なパーティもあります。

とにかくパーティが多いのですが、そこで社交性が磨かれました。

社交では、お互いの時間をリスペクトする立場から、用事が終わったらさっさと切り上げるのが鉄則です。ご飯を食べながら、ダラダラとおしゃべりしたりしません。

ハーバードには服装に無頓着な学生が多く、胸に「Ｈａｒｖａｒｄ」のロゴが入ったフードつきのパーカーとデニムで、年がら年中過ごしているような人も多いです。

そんな彼ら彼女らでも、パーティとなれば華麗にドレスアップして、タキシードやドレスを堂々と着こなします。

ハーバードにはいわゆる名門の出身者も多く、幼少期からこうしたフォーマルなシーンに慣れている人たちは、晴れの場にふさわしい立ち居ふる舞いとテーブルマナーを心得ています。

私は、ハーバードに入ってから初めてフォーマルなパーティを経験しました。

初めてのことばかりで戸惑いましたが、見よう見まねで少しずつ着こなしとマナーが身につくと、私なりに社交を楽しめるようになりました。

卒業生などパーティに集う多種多様な人たちと話すことで、視野や考え方が広がりましたし、意気投合して話が膨らんだら連絡先を交換し、人脈づくりにも役立ちました。

学生団体が、資金集めのためにパーティを開くこともあります。そういうときは、資金力のあるお金持ちに魅力的なプレゼンでアピールし、お金をどう出してもらうかに知恵を絞ります。

それはあたかも起業家がベンチャーキャピタルの融資をいかに引き出すかを、パーティという場でシミュレーションしているようなものです。

ハーバードのパーティは、起業やビジネスの基本を実践に近い形で学べる場でした。

単なるおしゃべりではない社交を経験していますか？

047

グローバルなパーティでは5つのステップで交流しよう

これからは外国人が参加するパーティや会合に、いつ出席することになるかわかりません。

そのときに備えて身につけておくと便利なのが、自己紹介の基本5ステップです。以下のようなシンプルなステップさえ覚えておけば、第一印象はクリアできます。

1 相手の目を見て笑顔で握手を交わす（笑顔は絶やさず！）
2 「I'm Sumire.」と最初に自分の名前をはっきり言って覚えてもらう
3 コンパクトに2行で自分の活動を紹介
4 どうしてこのパーティに参加しているのか（誰の紹介で来ているのか）
5 "What about you?" と同じように相手の自己紹介を聞く

3について、私なら"I am from Japan but I am now based in NYC as a violinist, running my own business as well（日本生まれで、ニューヨークを拠点にバイオリニストとして活動しながら会社を経営している）" と自己紹介します。

4については、たとえば"I know the host ＿＿ because we lived in the same dorm at college.（ホストの――さんのことは、大学時代同じ寮に暮らしていたのでよく知っています）"と背景を軽く説明します。

1〜5までの所要時間は、せいぜい2分くらいです。

初対面でいきなり長々と話し込むことはあまりありませんし、だいたいの参加者はできるだけ多くの人と話したいと思っているので、相手が自分に興味を持っていると感じたとき以外は、スムーズに切り上げます。

また、会話中は相手の名前を必ず口に出して「あなたに興味があります」という意思表示を忘れないようにしましょう。

ここでいちばん大事なポイントは、「3で何をいうか」です。

自己紹介に慣れてきたら、どういう人が集まるパーティなのか、相手が何系の職業なのかによって内容を変えます。

私の場合、メディア系ならば自分の著書について、音楽系ならば演奏ツアーについて、ゲーム系ならば作曲について、母校が同じならその話題で、など使い分けられるように話の引き出しを多く準備しておきます。

短いやりとりでも、ビジネスにつながりそうな点があればなんとなくわかるものです。

心に響く出会いがあったら、メールでフォローアップするかＳＮＳの友達申請をして、ジョイントしたい案件が出てきたときにメッセージを送ってみます。

日本だと「今度ビールでも飲みに行きましょう！」という軽いノリになりがちですが、外国人相手にそれをやると「なんだか怪しい」と敬遠される怖れがあります。

そこで私は、最初はアフターファイブではなく昼間、ビールではなくコーヒーからおつき合いをスタートするようにしています。

“Let's catch up over coffee sometime?” といえば、だいたいＯＫしてくれます。

ちなみに、外国人に趣味を聞かれて「Drinking（飲み会）」と冗談めかして答える日本人も少なくないようですが、海外ではＮＧです。「アルコール依存症なの!?」と思われるので、要注意なのです（笑）。

自分を語るうえでお酒は欠かせないのなら、「最近は○○のナチュラルワインを集めるのが趣味です」といったふうに好印象が残せるように話を工夫してみましょう。

自己紹介や名刺交換を相手の目を見ながらできていますか？

048

何事もため込まずに
クイック処理しよう

私はジュリアードを卒業して起業してから、他社のCEOクラスと連絡をとりあう機会が増えました。

そこで感じるのは、彼らのレスポンスの速さです。

本来は立場が偉くなるほど忙しくなるはず。でも私の肌感覚では、ポジションが上がれば上がるほど、反応が速い傾向があります。

とくにニューヨークでは、その傾向が強いように感じます。

時間をかけて100％確実な返事をするよりも、その時点で答えられる範囲ですぐに返答しておく。

その先は進めながら臨機応変に対応するという具合に「向かって来た球は、とりあえずすぐ打ち返す」というスタンスのCEOクラスが多いです。

変化の激しいIT業界はもちろん、それ以外の業界でも、立ち止まってじっくり考えていては、結論が出た頃には時代遅れになっている可能性も高いです。

たとえCEOクラスでなくても、メールは即レス。仕事は完成度60～70％レベルで一度アウトプットするべきだと思います。

そのほうが答えをもらった相手も、仕事を頼んだ上司も、それについて考える時間的な余裕が増えます。

あれこれ考えた末、結局は最初のアイデアがいちばんよかったという経験は誰しもあるのではないでしょうか。

過去の蓄積から無意識のうちに正解を導く直感力は、ときとして熟考を凌駕します。

それもクイックレスポンスのメリットです。

クイックレスポンスは、思考の処理速度を上げる訓練にもなります。

100%完璧な答えではなくても、リクエストに応えて返事をしていれば、その案件はひとまず忘れられますから、頭の片隅で余計なことをずっと考えずに済みます。

返事をしていない案件は、心のどこかで気になるはず。軽い気持ちでダウンロードしたアプリの蓄積でスマホの挙動が遅くなるように、脳のパフォーマンスもダウンしてしまいます。

「あとでやろう」と思って
結局忘れてしまったりしていませんか？

まとめ

- 専門性は1つでなく複数持ってみる
- セミプロレベルまで趣味を極めて専門性を高める
- 思い切って多国籍のパーティに参加して見識を広める
- 環境を変えてリフレッシュしてみる
- クイックレスポンスを心がける

第6章

音楽脳で考える力を育てる

0 4 9

つねに考える
努力を惜しまず
疑問を言葉に
するようにしよう

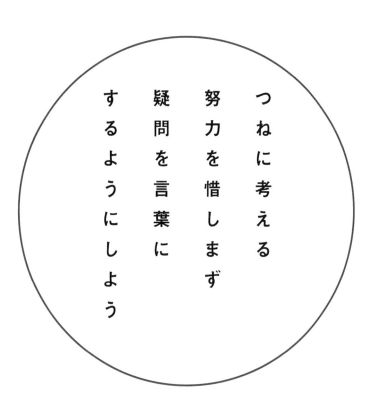

演奏家は天性のフィーリングで、感覚的に演奏していると思われがちですが、よい演奏家に欠かせないのは「考える力」です。

偉大な作曲家であるバッハもベートーベンも、この世にはいませんから、彼らに「この部分はどのような意図で作曲したのですか?」と直接尋ねることはできません。

そこで大事になるのが「自分の解釈」です。解釈は人それぞれ、演奏家によって捉え方が違うからこそ、自分はどう弾きたいかを考え続ける必要があるのです。

たとえば、作曲家が楽譜で「フォルテ」と指示しているとします。

フォルテには「大きく」という意味もあれば「強く」という意味もあります。あるいは「芯を持って」という解釈も成り立ちます。

フォルテをどう解釈するかによっても、演奏は変わってくるのです。

よい演奏家には考える力が欠かせないということは、アメリカで音楽を学ぶようになってから、あらためて痛感させられました。

日本やロシアでは伝統的に、指導する教師が「こんなふうに弾きなさい」と指示したら、生徒は逆らわずにその通りに弾くのが不文律になっています。

一方、自由の国アメリカでは、教師が生徒に「こう弾きなさい」と頭ごなしに強制することはまずありません。

「この部分には、こういう弾き方とこういう弾き方がある。私はこっちのほうがいいと思うけれど、あなたはどう弾きたい？」とあくまでも学生の意見ありきで指導してくれるのです。

ジュリアード生も「なぜこう弾いたほうがいいのですか？」という質問の数々を教授たちにしょっちゅうぶつけていました。

私は日本のレッスンスタイルに長年慣れ親しんでいたので、当初はレッスンの最後に「何か質問はありませんか？」と尋ねられても、とくに訊きたいことがないときは「ありません」と答えていました。

でもアメリカ流に慣れてからは、「質問があります。さきほど教わったこの部分ですが、どんな練習をしたらうまく弾けますか？」といった問いかけを積極的にするようにしたのです。

ジュリアードでは、つねに考えて質問をしないと、教授陣から「すみれはそこまでバイオリンに情熱がないんだな」とか「深く練習をしていないから、きっと訊きたいことも出てこないんだな」と誤解される恐れすらあります。

ジュリアードでは、アメリカを代表する演奏家や作曲家の指導が受けられます。

作曲科の私の友人は、現代アメリカを代表する作家として人気のあるジョン・クーリツジ・アダムズのレッスンを受ける機会に恵まれました。

彼に作品についての意見を求めたところ、あとから「僕ならこの部分はこうすると思う。でも、これはあくまで僕の提案だから、この意見を採用するかどうかは自分で決めてね」と指摘が3か所ほどメールで送られてきたそうです。

彼のような大御所でさえ、自分の意見を押しつけるようなことはせず、学生の自主性を重んじる。それがアメリカ流であり、ジュリアード流なのです。

学生が積極的に教師に質問するのも、それが許される自由な環境があるからです。

生徒は教師のアドバイス通りにするのもいいですし（その友人は、「そりゃジョン・アダムズの意見なんだから、当然採用するに決まっているよね〜」と言っていました）、演奏家なら逆に「私はこう弾きたい」と自己主張するのもアリなのです。

いずれにしても、私たち演奏家は作曲家の意図を深く掘り下げ、どう弾くべきかを自分の頭でつねに考えておかなければなりません。

自由で自主性を重んじる半面、なぜ教師の言う通りに弾きたいのか、あるいはどうして自分なりの弾き方を選びたいのかを明確に説明する必要があります。

自分の意見が言えてこそ一人前。「なんとなく」といった曖昧な言い方は通用しません。

誰を相手にしても
自分の意見を言える覚悟を持っていますか？

よい演奏家にも考える力が欠かせない

つねに考え続けて質問することが大切

050

同じことのくり返し
ではなく
同じことに変化を
加えてみよう

２０１８年のジュリアード音楽院の指揮科主任着任に合わせて、セントルイス交響楽団の元音楽監督で英ＢＢＣ交響楽団の元首席客演指揮者でもあるデイヴィッド・ロバートソンさんにインタビューする機会がありました。

彼は、クラシック音楽の中でも人気の高いドヴォルザークの「交響曲第９番《新世界より》」のように、「これまで世界中で何億回も演奏されているような超定番曲」でも、40年以上の指揮者人生で、毎回変えながら演奏していると教えてくれました。

「譜面を分析すると、〝この部分、本当はこう弾いたほうがいいのではないか〟といった発見が毎回ある。だから毎回同じように指揮したくてもできないんだよ」と嬉しそうに語ってくれたのです。

ＮＨＫの『プロフェッショナル　仕事の流儀』に出演されていたバイオリニストの樫本大進さん（ベルリン・フィルハーモニー管弦楽団コンサートマスター）も、ロバートソンさんと同じ作品《新世界より》を例に、次のように語っています。

「いつもはダウン・アップで弾くところを、アップ・ダウンに弾いてみようとメンバー全員に提案してみることもある。伝統にとらわれすぎないで、自分たちで考えて新しい弾き方をすると新鮮な感動があります」

バイオリンでは、弓を下向きに弾くのを「ダウン」、上向きに弾くのを「アップ」と呼びますが、ダウンとアップでは音色が変わりますし、オーケストラではメンバー全員の腕の動きがそろっている必要があります。

有名な曲だからこそ、伝統的なこれまでの通例を覆して、あえて新風を吹き込もうとする樫本さんの意気が伝わる放送回でした。

ロバートソンさんや樫本さんのような偉大な先輩が、日々考えながら研鑽しているのですから、私も音楽に向き合って考える努力を一切惜しまないようにしています。

いくら伝統的に通例とされてきたからといって、あるいは前例があるからといって、必ずしもそのやり方が正しいとは限らないのが現実です。

イノベーティブな発想で新しい道を切り拓いていくことは、21世紀の演奏家にも、そしてビジネスパーソンにも求められています。

前例がないからといって、
まだ試してもないアイデアを却下していませんか？

051

客観視する
メタ認知を駆使して
自分自身の悩みと
向きあおう

人から悩みを相談されると客観的かつ的確にアドバイスできるのに、いざ自分の悩みとなると、いい解決策が客観的に浮かんでこない。誰しも共感できることではないでしょうか？

そういうときに役立つのが「メタ認知」というものです。

メタ認知とは、現在進行形の自分の思考や行動を、もう一人の自分が客観的に把握することです。

自分の悩みについて、他人にアドバイスするかのように距離を保って考えられるのもメタ認知です。

ですから、メタ認知ができるようになると、それまで感情的になって正解が見つからなかった悩みも、スムーズに解決することがあります。

思い返してみると、私は無意識のうちにメタ認知をするのが習慣になっていました。

2メートルくらい上から自分を俯瞰で見ている感覚があるのです。

私はこれを「第三者スイッチ」と名づけています。

第三者スイッチが習慣になっているのは、「私が演奏家だから」かもしれません。

先日、昔の資料を整理していたら、私が小学6年生のときに受けた新聞のインタビュー記事が出てきました。

そこで「演奏でいちばん大事なものはなんですか?」という質問に対して、私は「平常心です」と答えていました。

一時の勢いに身を任せるのではなく、いつでも第三者スイッチで冷静になる大切さが子どもながらにわかっていたのだと思います。

演奏家は、レッスンの段階では、自分なりに考えて解釈を突き詰め、マッスルメモリーで無意識に指が動くまで練習に練習を重ねます。

そして本番では極度の集中状態である「ゾーン」に入って無心になり、感性のおもむくままに弾きます。

演奏家が「ゾーン」に入るためには、いくつかの条件が重なる必要があります。

事前の入念な準備があり、前述のパワーナップ(昼寝)などで体調が完璧に整い、そこに本番前に湧き出る「アドレナリン」と大勢の聴衆の存在が加わることで、「ゾーン」に入れるのです。

私は「ゾーン」に入るとノリノリになり、周囲はまったく目に入らなくなります。

とくに大きな会場でステージに立つと、現実世界から自分だけが切り離されて、まるで宙に浮かんでいるかのような〝浮遊感〟があります。

これは音楽コンクールであれ、聴衆を前にしたコンサートであれ、同じことです。

一方で、コンサートはあくまでエンターテイメントですから、客層やホールの大きさ、響き具合、共演者の調子を含めて「どんなふうに聴こえているか」「お客さんは楽しんでいるか」と聴衆目線で感じながら、自分の演奏を客観視して調整することも大事になってきます。

通常は「ゾーン」と「メタ認知」は両立できないのですが、アメリカに来てジャズやミュージカルなどで、素晴らしいエンターテイナーによる演奏の数々を観るようになってから、「ゾーンに入りつつ、メタ認知を発動させる」という高度なワザを駆使できるようになりました。

ビジネスの場でも、「ゾーン」に入って究極の集中力を発揮しつつ、周囲を俯瞰して冷静に「メタ認知」しながら考えるクセがつくようになると最強だと思います。

お客さんやクライアント、上司や部下目線でものを考えるようにしていますか？

052

一時の感情に流されず「打算的自分勝手」をしてみよう

少し前にこんな出来事がありました。

ジュリアードに多額の寄付をしている、ある役員の娘さんの結婚式がアメリカ北東部バーモント州であり、「披露宴で、すみれのカルテットにぜひ演奏してほしい」と依頼されました。

もちろん私は二つ返事でOKしました。ところが後日、結婚式当日にフィラデルフィアで開かれるタンゴのフェスティバルからも出演依頼が舞い込みました。

私はタンゴ音楽を本格的に演奏し始めて、まだ1年ほど。タンゴ音楽を探求しきれていないことと、タンゴ業界の人脈がまだそれほどないことから、有名ダンサーやミュージシャンが集まるその大きなフェスティバルに強く惹かれました。

でも、ジュリアードのパトロンの依頼のほうが先約ですし、学校を支援している人からのお誘いは断りたくありません。

それに自然の中のコテージに2泊3日の日程でのご招待でしたから、カルテットメンバーとのちょっとした旅行のようなものでもあります。

皆さんなら、どちらを選びますか?

どちらを選ぶか迷いましたが、私は要素を天秤にかけて最終的に決断することにしました。その際の私の頭の中はこんな感じでした。

1 結婚式のほうが先約
2 大事な役員さんからの依頼なので断りたくない
3 カルテットのメンバーと一緒にコテージに宿泊は絶対楽しいはず
4 タンゴフェスティバルは大きなイベントでタンゴ業界の大物に出会えるチャンス
5 結婚式で演奏してもキャリアアップにはつながらないけれど、由緒あるタンゴフェスティバルへの出演は履歴書に書ける

メタ認知なしの感情優先だと、1と2と3を優先して、選ぶのは断然ジュリアードゆかりの結婚式でしょう。

でも、メタ認知ありで感情オフの「第三者スイッチ」を働かせると、4と5のほうが将来的に大事です。

いくらお偉方の娘さんの結婚式で演奏しても、自分の履歴書には書けません。

そこで私は最終的には、長期的キャリアになるタンゴフェスティバルを選び、結婚式

のほうは代役を立てて演奏してもらいました。

打算的と言われたらそれまでですが、重要な選択や決断を迫られたときこそ、一時の感情的な盛り上がりに流されないで、冷静にメタ認知を心がけるべきだと思います。

過度に主観的にならず、将来の私がいまの私の決断をどう評価するのか？

そういうメタ認知での判断も、ときには大事だと思うのです。

感情に流されて、長期的キャリアのチャンスを見逃していませんか？

053

AIにはない〝遊び心〟を人間ならではの武器にしよう

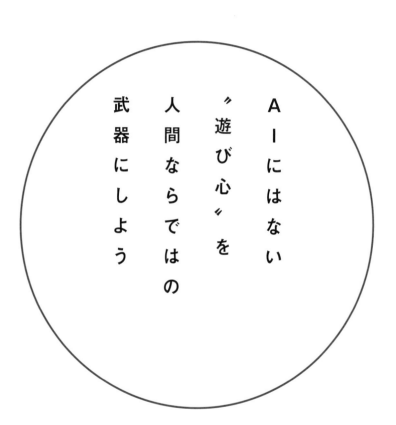

次世代通信規格「5G」の出現により、ネット上を行き交う情報速度は2020年には1993年に比べて約100万倍になると言われます（JTB総合研究所より）。

さらにソフトバンクグループの孫正義会長兼社長は、「どう推論しても今後30年間でデータの量は100万倍に増える」と発言しています。

これからも増え続ける情報量は、もはや人力で整理するのは不可能ですから、今後の超・超情報化社会はAI（人工知能）なしには考えられません。

孫正義氏は、AI関連のユニコーン企業（評価額が10億ドル以上のスタートアップ企業）に巨額投資をしています。

しかし、そこに日本企業は1社も含まれていません。

彼は「日本はAI後進国」と言っていますが、残念ながら私も同感です。

日本にいるとなかなか実感がわかないかもしれませんが、「AIと差別化できない人材は淘汰される」とか「多くの仕事がAIとロボットの組み合わせに置き換えられる」といった心配事は近未来のものではなく、もはや〝明日の現実〟なのです。

AI時代になると、AIにはない人間らしい発想や考え方が重視されると言われます。

それならば、そもそも人間らしい発想や考え方とはいったい何なのかを考えなくてはなりません。

ＡＩにはない人間らしさとは、ひと言で言うと、「適度な遊び心」があるかどうかだと私は思っています。遊び心は余裕につながり、自由な思考と発想を育んでくれます。

ＡＩは仕事を楽しむわけでも、考えることを楽しむわけでもありません。

ＡＩには、すべてがアルゴリズム（演算手順）に基づいた単なる作業。遊び心が入り込む余地はなく、何より効率重視で窮屈になりがちだからこそ、人間らしい遊び心が武器になると思うのです。

クラシック音楽の世界でも、遊び心は大切です。

囲碁や将棋といったボードゲームのフィールドでは、すでにＡＩは人間に完勝する実力を誇っています。

音楽の世界でも、将来的には楽譜通りに正確無比な演奏を披露するＡＩ搭載の演奏ロボットが登場してくるかもしれません。

では、演奏ロボットと、優れた演奏家が弾いた曲を、ブラインドで聴き分けることができるかといえば、私はできると思います。

見極めるポイントは、まさに「遊び心」があるかどうか。そこに譜面にはない演奏家の個性がにじみ出るからです。

私は小学生のとき、新聞のインタビューで「将来どういうバイオリニストになりたいですか」という質問を記者から受けて、「曲を聴いた人が、〃あっ、これは廣津留すみれの演奏だ〃とすぐにわかるようなバイオリニストになりたい」と答えました。

私が当時、ロールモデルにしていた、20世紀最高のバイオリニストと言われ「バイオリニストの王」とも称されたヤッシャ・ハイフェッツには、誰にも真似できない特徴的な音があったからです。

その思いは、いまでも変わっていません。

AIには真似できない自分のバリューはなんですか?

054

故・十八代目勘三郎のように堂々と〝遊び心〟を入れてみよう

私が遊び心の重要性に気づいたきっかけの1つは、小学生のときに歌舞伎を観るようになったことです。

大分から母と一緒に東京の歌舞伎座に行って、一歩足を踏み入れた瞬間、現代とはまったく違う異空間にワープさせてくれる雰囲気が大好きでした。

大のお気に入りだったのは、故・十八代目中村勘三郎さんです。

小学生のとき、中村勘三郎の襲名披露公演と修学旅行の日程が重なってしまったため、学校に頼み込んで修学旅行は不参加にさせてもらい、東京まで襲名披露公演を観に出かけたほどです。

勘三郎さんがとにかく凄かったのは、歌舞伎という伝統芸能に遊び心を堂々と持ち込んだところです。

初めて観た『棒しばり』という演目では、伝統的な和楽器の合奏に合わせて、ギャグコメディのような演技やタイムリーな時事ネタを即興で披露。その姿には小学生ながら感動を覚えました。

勘三郎さんはそれを必死になって演ずるのではなく、どうしたら観衆が喜んでくれるかという反応をメタ認知で楽しみながら演じているようでした。

クラシック音楽でも歌舞伎のようなパフォーミングアーツでも、〝必死感〟が出ると緊張が観衆に伝染して、心から楽しめなくなってしまいます。

クラシックも歌舞伎と同じ伝統的な世界ですが、そこに私が遊び心を持ち込むようになったのは、勘三郎さんの影響です。

勘三郎さんは「伝統芸でも、従来の殻を破って自分らしさを出していいんだ」と気づかせてくれた、私の心の師匠なのです。

遊び心のない正確なだけの演奏ならＡＩのほうが長けているかもしれませんが、テクニックだけが優れている演者が素晴らしいとは限りません。

私は、譜面に書かれていなくても「ちょっとトリル（装飾音）を入れてみよう」とか、ピアニストと瞬時にアイコンタクトして「音を少しだけ伸ばしてみよう」と試したり、「ここでもっと間をとったらお客さんが驚くかもしれない」と聴衆の反応を楽しみながら遊び心を入れています。

そのエンタメ性が私なりの個性だと思うのです。

〝遊び心〟を入れて仕事の進め方を変えてみませんか？

055

芸術に触れる
機会を増やして
知性と感性の
両立を目指そう

くり返しにはなりますが、ＡＩがビジネスの現場にどんどん入ってくるような状況下では、ＡＩにはない遊び心のような「人間らしい感性」を高めることが、ますます重要になってきます。

ジュリアード時代、テクニックの素晴らしさはもちろんのこと、観ているこちらが楽しくなるような素敵な演奏をするバイオリニストが同級生にいました。

彼に練習の秘訣を聞くと、「練習はほどほどにして、毎日必ず（ジュリアードから徒歩圏内の）セントラルパークを散歩するか、メトロポリタン美術館やＭｏＭＡ（ニューヨーク近代美術館）で美術に触れるようにしている」と教えてもらい、目から鱗が落ちました。

彼は窓もないような小さな練習室に一日中こもるのではなく、自然や美術に触れながら感性と人間性を高め、それを演奏に反映させていたのです。

ＡＩはデータ解析から株価を予想できますが、人を感動させる音楽を作曲したり、絵を描いたりすることはできないと私は思います。

２０１８年、ＡＩが描いた肖像画『エドモンド・デ・ベラミー』が、ニューヨークで開かれたオークションで43万ドルほど（約４８００万円）で落札されました。

これは14世紀から20世紀までに描かれた１万５０００ほどの肖像画をＡＩが学習して

AIが描いた肖像画『エドモンド・デ・ベラミー』

描いたものですが、私には不気味な印象しか残りませんでした。

ビジネスパーソンがいまからバイオリンや絵画を学ぶのは大変かもしれませんが、コンサートや舞台に足を運んだり、美術館で芸術作品に触れたり、公園を散歩したりする機会を増やすようなことはいくらでもできます。

もっと手軽に映画を観るのもよいでしょう。このように小さな努力の積み重ねを続けると、自分らしい感性を高めるのに役立ちます。

「考える力」と「感性」の両立が求められるのは、演奏家だけではありません。それはビジネスパーソンも同じだと思います。

ＡＩ時代がどうなるかについてはさまざ

まな意見がありますが、感性という人間ならではの強みをもっと伸ばすことは、決してムダにはならないでしょう。

最近、芸術やエンターテイメントに触れて感性を高める機会はありましたか？

0 5 6

娯楽の「感想戦」で感性や思考力を磨こう

コンサート、舞台、美術館、映画などに出かけるなら、できれば一人ではなく、友人、知人、恋人、家族などと出かけることをおすすめします。なぜなら、鑑賞後の〝感想戦〟ができるからです。

アメリカでできた友人は皆、誰かと一緒にコンサートや美術館、映画館などに出かけると、鑑賞が終わってから互いに感想を語りあいます。帰りにお茶やご飯をしながら感想を語りあうまでが1つのパッケージなのです。コンサートや美術館に行ったら、まっすぐ帰ることはまずありません。

〝感想戦〟は同じ作品を楽しく共有したうえで、複数の視点で多角的に捉え直せるまたとないチャンスです（純粋なデートなら熱の入った〝感想戦〟の真剣勝負はパスしてもいいかもしれませんが）。

そこでは「あ〜、素晴らしい演奏だった」とか「CGのレベルが高かったね」といったことを語りあうだけでは終わりません。

鑑賞した作品をテーマに、5パラグラフエッセイ風のトークをくり広げるのが、ハーバード生やジュリアード生の〝感想戦〟です。

鑑賞後に〝感想戦〟が行われるのは織り込み済みですから、純粋に作品を楽しみつつも、鑑賞中にも自然と自分なりの考えをまとめる作業をします。

同じタイミングで同じ作品に接したとしても、感動するポイントや見方は人それぞれです。

ハーバード生もジュリアード生も、他人と同じでいいという価値観は持ち合わせていませんから、“感想戦”では自分のツボにハマったポイントや感じたことを遠慮なく語りあいます。

すると、自分だけでは得られなかった考え方や感性に触れられ、磨かれます。自分の意見についても、他人の意見と対比して「自分はなんでこう感じたんだろう?」と考え直すこともできます。

こうした経験を重ねながら、知性と感性を競い合うように高めることも、ＡＩに代替されない人材になるための1つの方法だと思うのです。

最近観た映画やコンサートの感想を誰かと共有しましたか?

057

小さな仕事こそ
軽視せず
緊張感を持って
全力で挑もう

音楽界は完全な実力社会です。ジュリアードでも、入学試験は実技のオーディションの結果が最優先されます。

学期中も、毎回の試験がオーディションのようなものでした。

世界中から超優秀な音楽家が集まるジュリアードですから、ミスなく上手に弾くのは当たり前です。

ただ上手いだけではなく、そこに聴き手の心を揺さぶり、感動させるパッションがあるかどうかを教授たちは聴き分けるのです。

試験は成績に反映されるだけではありません。

そこで「この生徒はいい」と教授に気に入ってもらえたら、演奏会に呼んでもらえるチャンスが得られます。

ジュリアードの教授たちは、音楽界のキーマンでもあるからです。

その演奏会を業界の大物プロデューサーがたまたま聴いていて、そこで気に入ってもらえたら活躍の場が一気に広がり、ブレイクすることだってあり得ます。

目の前に素敵なサクセス・ストーリーが待っているかもしれない。

そのことを知っている学生は、たかだか学校の試験となめてかかるようなことはありません。

全力投球で課題に取り組み、最高のパフォーマンスを発揮しようと全精力を傾けます。

私が世界的チェリストのヨーヨー・マさんと知り合えたのも、彼のアンサンブルのディレクターが偶然、ハーバードでの私の演奏を聴いて、気に入ってくれたのがきっかけでした。

「音楽業界＝実力社会」を示すエピソードは、他にもあります。

たとえば、オーケストラのオーディションで候補者が演奏する際は、評価する審査員に誰が弾いているかがわからないように、カーテンで仕切られます。

床には毛足の長いカーペットが敷かれています。候補者が床を歩く音が響くと、革靴かハイヒールかで性別が想像できてしまうからです。

こうして一切の予断を許さず、演奏だけが純粋に評価されます。

実力社会なのは、何も音楽業界に限った話ではありません。

日本でも、地縁や血縁、年功序列、終身雇用といった昭和的な価値観は過去のものになり、実力で評価される時代が訪れています。

あらためてそう感じたのは、前述のチームラボのインターンを経験したときの出来事がきっかけでした。

私はある日、新しいアプリをリリースする前のバグ（プログラムの誤り）の有無をテストする仕事にヘルプ要員として入れてもらいました。

当時現役ハーバード生で、何事にも全力投球で仕事に励んだ私は、「たかがバグテスト」と思うことなく、他のテスト要員の何倍ものスピードで細かいバグテストを片づけていきました。

たまたまそれを見ていたプロジェクトマネージャーが、「彼女は細かいところまで要領よく仕事ができるから、何か新しい案件を担当してもらおう」と評価して下さり、そこから面白い仕事をどんどん担当させてもらえるようになりました。

そのプロジェクトマネージャーは、私がハーバード生であるというプロフィールから判断したわけではなく、私の仕事への姿勢を見て、それを純粋に評価して下さったのです（そう解釈しています）。

目の前に与えられた仕事をノルマと捉えて淡々とこなすだけではなく、小さな仕事にも自分のバリューがどう出せるかを考えながら緊張感を持って全力で取り組んでいると、まわりで見ている人が必ずいます。

それが実を結んで新たな展開を見せたとき、「次のステップへ踏み出す心の準備」と「大きなチャンスをつかむ用意」が整っていることが重要です。

そこにプロとアマチュアの違いが出ると思います。

千載一遇のチャンスが目の前に舞い降りてきたとき、迷いなくすぐに飛びつけるように、頭とスケジュールにある程度のスペースを設けておくことも求められます。

そのために脳に余計な情報を入れないで、TODOリスト（145ページ参照）などを活用して、他人にふりまわされずにスケジュールをセルフ管理できるようにしておくべきなのです。

突然、目の前に大きなチャンスが巡ってきたら、それを活かす準備はできていますか？

058

広くグローバルな視点でライバルを捉えるようにしよう

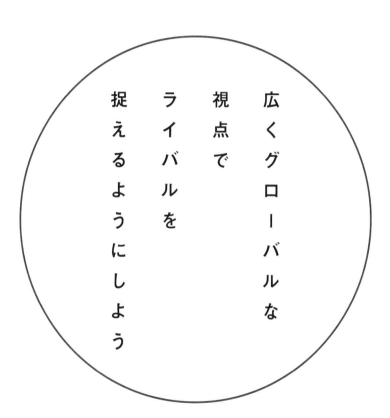

最近、グローバル化を痛感したちょっとした出来事を耳にしました。

私の音楽ビジネスの拠点はニューヨークですが、ゲームや映画などのサウンドトラックを制作する仕事では、ボストンで録音することがよくあります。

ところが、低予算のアニメ映画などではボストンでレコーディングするだけの資金がなく、人件費がより安いハンガリーやチェコなど東欧諸国でレコーディングする作品が増えているようです。

作曲家とディレクターだけがアメリカから飛行機で東欧まで飛び、現地のオーケストラを雇って録音するのです。

ときには作曲家が、自宅からＳｋｙｐｅ（スカイプ）を使ったテレビ電話や音声通話だけで参加することもあります。

音楽に言葉の壁はありませんから、譜面を見てその通りに演奏できたら、どこで録っても同じではあります。

高品位な音楽ＣＤの録音なら誰が演奏するかも重要ですが、ゲームや映画などのサントラでは、そこまでのクオリティが求められないケースも多くあります。

最近の録音技術では、エンジニアが少し手を加えれば、平凡な演奏がたちまち素晴らしい演奏になったりもします。

この場合、アメリカから作曲家とディレクターが往復する交通費を差し引いても、人件費や経費の面で予算がかなり低く抑えられます。

映画やドラマなどの「劇伴音楽」の録音を生業とするボストンの音楽家たちは、これまでボストン周辺の演奏家だけがライバルだったのに、今後はハンガリーやチェコの演奏家もライバルになってきます。

クオリティなら負けない自信はあっても、「予算内でそこそこの演奏をしてくれればいい」というニーズには、技量だけでは応えることができません。

音楽家の間でも「技量をもっと磨こう」だけでなく「競争の中でも選んでもらえる演奏家になろう」というセルフブランディングや仕事への姿勢を見直すことによる危機意識が募ってくるようになりました。

日本のビジネスパーソンも、同じような状況に直面しています。

これまでは同期入社や同じ仕事に携わる同僚がライバルだったのに、これからは海を越えてやってくる中国人や韓国人、ベトナム人やタイ人、ブラジル人や南アフリカ人がライバルにもなってきます。

グローバル化で英語でのコミュニケーションがビジネスの基本作法になると、母国語が日本語でも韓国語でも中国語でも関係ありません。

スマホの自動翻訳機能がもっと向上したら、2025年には85％の精度でビジネス英語を翻訳できそうだと言われています。

スマホ用音声翻訳アプリ「ボイストラ」は、英語検定のTOEIC（990点満点）で900点以上をとる人と同等の翻訳力があるそうですから、英語を学んだだけではライバルとの差別化ポイントにならない時代はすぐそこまで来ています。

そもそも「差別化のポイントになるから」という理由で英語を学び始めた時点で、すでに時代錯誤かもしれません。

グローバル化で頼れるのは日本で通じる学歴ではなく、自分の実力だからこそ、AIには真似できない人間ならではの考える力を磨いておくことが有効なのです。

グローバルな土俵に立ったときのあなた独自の強みはなんですか？

059

無意識を意識化することで直感と論理の相乗効果を高めよう

脳は「右脳」と「左脳」という2つの半球に分かれており、一般的には右脳は「直感的」、左脳は「論理的」な思考が得意とされます。

俗に〝右脳タイプ〟と〝左脳タイプ〟がいるとされていますが、どうも脳科学では左右どちらかの半球が優位になるという事実はないようです。

自分がどちらのタイプであるかにかかわらず、直感と論理はともに必要です。

そして直感的なひらめきは、無から当てずっぽうに生まれるものだけではなく、過去の学びや思考のくり返しに基づくものでもあります。

「なんの根拠もないけれど直感的にそう思った」としても、実のところその背景にはちゃんとした根拠があるのです。

音楽家は練習で先生の指導や自分の曲分析を頼りに、頭から湯気が出るくらい考えながら弾いていています。その場では直感的というよりも論理的です。

それをくり返しているうちに楽器と楽曲が完全に自分のものになると、何も考えなくても弾けるようになります。

ちょっと不思議な笑い話ですが、私は中学生の頃、寝ながらバイオリンを弾いた経験があります。

自宅で練習していたときのことですが、15分の大曲の最後に母が拍手して「すみれちゃん、いまの演奏よかったね〜」と声をかけてくれた瞬間、私はハッと我に返りました。練習を始めた記憶はあったのですが、終えた記憶がなかったので、曲の後半は寝ながら弾いていたのでしょう。

そのとき私は究極の「ゾーン」に入った状態だったのかもしれません。コンサートの本番で「ゾーン」に入ると、頭が空っぽになって無心で（直感で）弾いています。

それは、それこそ寝ながらでも弾けるくらいまで練習した蓄積があるからです。**反復練習で内容が無意識化できればできるほど、頭に余裕が生まれるので「メタ認知」ができます。**

本番ではその分、直感や観客の反応をもとに〝遊び心〟を入れられるわけですから、演奏にも幅が生まれて共演者が奏でる音に当意即妙で応じられるようになります。

理論を学ばなければよい演奏者になれないわけではありませんが、優れた演奏者はだいたい理論が肌感覚でわかっています。

子どもの頃から音楽を続けている秀才が集まっているジュリアードでも、音楽理論を学びます。

血肉になっているものを論理的に学び直すのです。

「音楽脳」を日常生活に落とし込むためのチェックポイント

- 自分なりの解釈・意見をちゃんと持って行動しているか(上司の言いなりになっていないか)?
- プレゼン前には準備を尽くして完璧にして、本番で「ゾーン」に入れるようになっているか?
- 感情に流されて「Yes」と言ってしまわずに、キャリアのためにときには「自分勝手」な決断をできているか?
- 千載一遇のチャンスが巡ってきたとき、すぐに活かす覚悟はできているか?

無意識でわかっているものを言語化して意識的に教わると「ああ、なるほどね」と腑に落ちます。

それで演奏が劇的に変わるわけではありませんが、直感と論理がうまく噛み合うと何かが変わるヒントになる場合があります。だからこそジュリアードでは、わざわざ論理を学ぶ時間を設けているのでしょう。

とはいえ、考えすぎもよくありません。

たとえば、旧ソ連を代表する作曲家ショスタコーヴィチは、独裁者スターリンの影響下にあり、共産主義体制が求める音楽と自分が求める音楽との両立に悩んだという経緯があります。

かといってそうした背景を学びすぎた挙げ句、「ここは彼の苦悩を表わすような演奏をしなくてはならない」と思い込みすぎると、今度は頭でっかちになり、聴衆の心を打つような演奏をするのは難しくなります。

背景を知ったうえで自分が弾きたいように表現するのと、自分なりの曲の解釈の両方をバランスよく調合するのが重要なポイントになるのです。

自分の直感にばかり頼って論理が疎かになっていませんか？

まとめ

- 同じことでも解釈は人それぞれ掘り下げて考える
- 自分なりの解釈を突き詰めて反復練習を重ねる
- 感情に流されずメタ認知で自分を客観視する
- 遊び心は余裕につながり自由な思考と発想を育む
- 誰かと一緒に美術館やコンサートへ行って感想戦を楽しむ

おわりに

2012年のハーバード大学の入学式で、ドリュー・ギルピン・ファウスト学長（当時）が、新入生向けに次のような話をしてくれました。

「ここにいる皆さんは、中学・高校と卒業生総代を務めるような、経験豊富で優秀な学生ばかりです。これまで学業や課外活動で、多くの人に褒められてきたことでしょう。しかし、ハーバードに入ったからには、これまでの栄光をすべて忘れて、全員がふり出しに立つと思ってください。皆さんが新たな気持ちで同じ土俵に立ち、人びとと社会を正しい方向へと導くリーダーとして成長することを期待しています」

もし読者の皆さんがハーバード大学の入学式に参加していたとしたら、この話から何を感じますか？

私は正直安心しました。「これから学校で何に挑戦してもいいんだ！」と思えたからです。

大分から単身渡米した私にとって、ハーバードは未知の世界でした。

世界中から集まったとてつもない天才たちと勝負しないといけないのか……という不安がなかったといえば嘘になります。

しかし、このファウスト学長の言葉が、私を含めた多くの学生のチャレンジを後押しする心強いものであったことは間違いありません。

いま、あの時期をふり返って思うことは2つあります。

「チャレンジすれば自分の得意分野にたどり着く」

ということと、

「チャレンジするのに"too late"はない」

ということです。

チャレンジすれば自分の得意分野にたどり着くという点でいうと、ハーバード入学当時、私は音楽を勉強するつもりは、さらさらありませんでした。

ただ、英語力に不安を抱えていた1年生の1学期に「少しでも有利になるため、自分の言語である音楽の授業をとっておこう」と思ったまでです。

ところが、応用数学→社会学→音楽→グローバル・ヘルスと一巡して結局、主専攻は音楽、副専攻はグローバル・ヘルスで卒業しました。

全学生の65%が楽器を弾けるハーバードですが、「自分より音楽が得意な人はあまりいない」ことに気がついたからです。

自分の得意を極めたほうが、ハーバードでオンリーワンになれる。

そう割り切ってからは、ハーバードの新美術館の開館式でメインゲストを務めたり、卒業式の壇上で演奏したり、自分のバリューを発揮できる機会が増えて、それまで関わりのなかった教授やスタッフとも知り合えるようになりました。

卒業してからも同窓会のイベントに呼ばれるようになり、ニューヨークに住む卒業生にも知り合いが増えました。

いろんな分野を試してみたことが、結果的に音楽という得意分野を見極めることにつながったのです。

次に、もう1つの、チャレンジするのに"too late"はないという点についてです。

冒頭の挨拶でファウスト学長が言いたかったのは、いわば**「過去の経験にとらわれず、果敢に新たなチャレンジをしてください」**ということです。

もっと私なりに噛み砕いて言うと、「これまで得意な音楽を極めようとしてきたからといって、必ずしも入学後も音楽にこだわり続ける必要はないですよ」と、あえて学校側が新入生の肩の荷を下ろしてくれたのです。

ここで私たち学生は、無限の可能性を手にしました。

もちろん、国の期待を背負って入学してきたアフリカからの学生や、両親からの期待を背負ってきているアジア人学生も多くいますが、選択肢はすべて自分の手の内にあります。

50もの専攻の中から自分の好きな分野を選択し、450以上もの学生団体の中から興味あるものにいくらでも所属し、スポーツチームで汗をかき、どんな貴重な資料でもそろう大学図書館で朝から晩まで勉強し、寮の仲間と夜の談義をしていると、4年間では足りないほどに「これ、やってみたい!」ということが出てきます。

この「挑戦し続けられる環境」「好奇心をくすぐられる環境」こそがハーバードの魅力であり、自分を成長させる原動力になっています。

何もハーバードでなければできないことではありません。本書の内容をもとにして、日々挑戦する「クセ」をつけることによって〝自分力〟を高められます。

これが、新しいことへのチャレンジに〝too late〟はないという感覚が生まれる所以なのです。

私はバイオリニストという職業柄、勉強は一生終わることはないと思っています。同時に、学生時代に身につけた知的好奇心と挑戦への野心は、生涯なくしたくないと切に思います。

読者の皆さんが、どのような形であれ、一生挑戦し続けられることを願いながら、私もまだまだやりたいことを1つずつ試していきたいと思っています。

最後になりましたが、的確なアドバイスをくださった担当編集の斎藤順さんと取材・構成の井上健二さんには大変感謝しております。ありがとうございました。

2020年1月

廣津留すみれ

［著者］
廣津留すみれ（ひろつる・すみれ）
大分市生まれ。小中高と地元の公立校に通い、学習塾や海外留学の経験はなく、独学でハーバード大学に現役合格。ハーバードでは、音楽理論を中心とした音楽を専攻、国際保健（グローバル・ヘルス）を副専攻し、首席で卒業。その後、芸術分野で世界大学ランク１位のニューヨーク・ジュリアード音楽院に入学。バイオリンを専攻し、卒業時に２名だけに与えられた最優秀賞を受賞（修士号取得）。３歳から続けているバイオリンでは、世界的チェリスト、ヨーヨー・マとたびたび共演し、音楽の殿堂カーネギーホールでも演奏した。ゲーム・ファイナルファンタジーシリーズ（XII & XV）のサウンドトラックに参加。弦楽グループアンソニア・カルテットとして演奏。執筆活動では日経カレッジカフェへの連載やジュリアード公式新聞のインタビュアーを務めた。教育分野では社会起業家として、ハーバード生による教育プログラムSummer in JAPANの設立・運営などに参画。大学で培ったビジネスシンキングを生かし、大学院卒業後にニューヨークで起業。2018年６月、日本テレビ系『人生が変わる１分間の深イイ話』の「高学歴な人は本当に幸せなのか？SP」に出演し話題となる。

私がハーバードで学んだ世界最高の「考える力」

2020年１月29日　第１刷発行
2023年２月15日　第５刷発行

著　者――廣津留すみれ
発行所――ダイヤモンド社
〒150-8409　東京都渋谷区神宮前6-12-17
https://www.diamond.co.jp/
電話／03･5778･7233（編集）　03･5778･7240（販売）

ブックデザイン ―大場君人
編集協力――井上健二
写真――――Brandon Ilaw
イラスト――福島モンタ
校正――――鷗来堂
製作進行――ダイヤモンド・グラフィック社
印刷――――三松堂
製本――――ブックアート
編集担当――斎藤順

©2020 廣津留すみれ
ISBN 978-4-478-10729-4
落丁・乱丁本はお手数ですが小社営業局宛にお送りください。送料小社負担にてお取替えいたします。但し、古書店で購入されたものについてはお取替えできません。
無断転載・複製を禁ず
Printed in Japan

◆ダイヤモンド社の本◆

アジア人初のハーバード首席！
トップ1％は「こう」読んでいる

東大法学部を卒業し、読売新聞に入社。その後、転じた三菱商事で社費留学したハーバード・ビジネススクールでは、成績上位５％の学生に与えられる最優秀生徒賞をアジア人初で受賞。ボストン コンサルティング グループ（BCG）へと転じ、日本支社トップに就任。さらに55歳にしてベンチャー支援の戦略コンサルティング会社を起業し、東証一部上場企業に育てあげた。そんなビジネス界きっての読書家が、どう読書と向き合い、何を得てきたか、どう活かしてきたかを縦横無尽に語り尽くす。

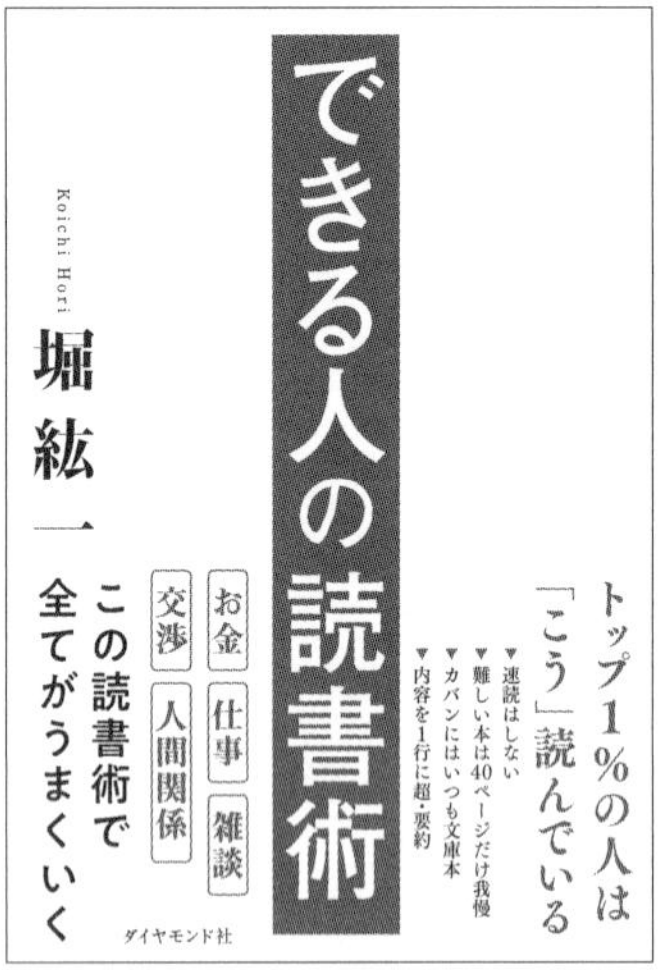

できる人の読書術

堀 紘一［著］

●四六判並製　●定価（本体1400円＋税）

http://www.diamond.co.jp/